REEDIFICA LOS MUROS

Lecciones en liderazgo de Nehemías

Loren VanGalder

Spiritual Father Publications

Contenidos

1 Cómo responder a malas noticias

Nehemías 1

[1] Éstas son las palabras de Nehemías hijo de Jacalías:

En el mes de quisleu del año veinte, estando yo en la ciudadela de Susa, [2] llegó Jananí, uno de mis hermanos, junto con algunos hombres de Judá. Entonces les pregunté por el resto de los judíos que se habían librado del destierro, y por Jerusalén.

Puede ser a través de una visita, un correo electrónico, un texto o una carta. O en la televisión o en Internet. Es importante saber lo que sucede a tu alrededor: con tu familia, con el cuerpo de Cristo y con el mundo. A menudo hay tanta información hoy que no puedes procesar todo. Es fácil estar tan ocupado en la vida diaria que ya no queremos ser molestados con el sufrimiento de otros. Nehemías estaba muy cómodo en el palacio del rey, pero no cayó en la complacencia.

[3] Ellos me respondieron: «Los que se libraron del destierro y se quedaron en la provincia están enfrentando una gran calamidad y humillación. La muralla de Jerusalén sigue derribada, con sus puertas consumidas por el fuego.»

¿Has recibido malas noticias de tu familia? ¿Has visto noticias de calamidades en Internet? ¿Cómo respondes? ¿Tocan tu corazón? ¿O te distancias emocionalmente de los problemas de los demás? ¿Cómo se compara tu respuesta con la de Nehemías?

Cuando recibas malas noticias...

⁴ Al escuchar esto, me senté a llorar; hice duelo por algunos días, ayuné y oré al Dios del cielo.

Dios nos llama a tomar en serio estas noticias y a hacer algo. ¿Qué hizo Nehemías?

- Se sentó a llorar. ¿Cuándo fue la última vez que lloraste al escuchar malas noticias?

- Hizo duelo. Estuvo muy triste. Le impactaron. Es bueno sentir el dolor de otros. Resiste la tendencia a evitarlo con frases como "es la voluntad de Dios", o "Dios está juzgando su pecado", o "ellos no son salvos", o "gracias, Señor, que no viva allá".

- No tuvo prisa. Hizo duelo por algunos días. Nosotros podemos ver algo en la televisión y sentirnos impactados, pero luego nos ocupamos de otras cosas. Nehemías meditó sobre la situación y se identificó con ellos; se puso en sus zapatos.

- Ayunó. ¿Cómo te va con el ayuno? ¿Cuándo fue la última vez que ayunaste cuando viste noticias de problemas en otros países? El ayuno proclama: "Yo estoy tomando esto en serio y sé que Cristo es la respuesta."

- Oró. Es peligroso reaccionar impulsivamente a las noticias. Lo que hacemos tiene que ser dirigido por Dios. Tenemos que prepararnos espiritualmente, o no podremos ayudar a nadie. Tenemos que trabajar con Dios.

⁵ Le dije: «Señor, Dios del cielo, grande y temible, que cumples el pacto y eres fiel con los que te aman y obedecen tus mandamientos, ⁶ te suplico que me prestes atención, que fijes tus ojos en este siervo tuyo que día y noche ora en favor de tu pueblo Israel».

Un hombre que Dios puede usar

Me recuerda a Pablo orando día y noche por el pueblo de Dios. Nehemías tiene el fundamento necesario para ser útil en las manos de Dios: conoce a su Dios, ama a su Señor y lo obedece. Se acerca a Dios con confianza y audacia. Una calamidad, ya sea en tu familia o en otro país, requiere no solo unos momentos de oración, sino la intercesión de día y de noche.

⁶Confieso que los israelitas, entre los cuales estamos incluidos mi familia y yo, hemos pecado contra ti. ⁷Te hemos ofendido y nos hemos corrompido mucho; hemos desobedecido los mandamientos, preceptos y decretos que tú mismo diste a tu siervo Moisés.

Al mismo tiempo, Nehemías es humilde. Sabe que es un pecador que le ha fallado a su Dios y merece su juicio, el mismo juicio que su gente está experimentando en ese momento. Reconoce que nuestra rebelión y pecado son la fuente de todos estos problemas. Nehemías confiesa su pecado y el pecado de todo Israel.

¿Cuando ves el pecado en la iglesia, lo juzgas en tu corazón? ¿O te identificas con el pueblo de Dios y confiesas el pecado al Señor?

La promesa de Dios para el arrepentido

⁸»Recuerda, te suplico, lo que le dijiste a tu siervo Moisés: "Si ustedes pecan, yo los dispersaré entre las naciones: ⁹pero si se vuelven a mí, y obedecen y ponen en práctica mis mandamientos, aunque hayan sido llevados al lugar más apartado del mundo los recogeré y los haré volver al lugar donde he decidido habitar."

Nehemías conoce la Palabra de Dios y la usa como fundamento de su petición. La promesa hecha a Moisés todavía se aplica a ti hoy:

- Si pecas, habrá consecuencias graves. Puedes perder tu hogar y todo lo que es importante para ti.

- En ese juicio, Dios te llama a hacer tres cosas:

1. Volver a Dios con todo tu corazón. Búscalo de nuevo.

2. Obedecer sus mandamientos. Un arrepentimiento genuino se manifiesta en obediencia.

3. Poner en práctica su Palabra. Hay mucho conocimiento de la Biblia, incluso fuera de la iglesia, pero pocos la ponen en práctica.

- Entonces, Dios te restaurará y te llevará a su presencia.

¿Y tú? ¿Estás esparcido entre las naciones? ¿Todavía sufres las consecuencias de tu pecado? ¿Te ha recogido Dios? ¿Estás morando en su habitación? La restauración de Israel no fue inmediata. Tenían que esperar y trabajar duro, pero Dios es fiel a su promesa.

La gracia de Dios

[10]*»Ellos son tus siervos y tu pueblo al cual redimiste con gran despliegue de fuerza y poder. [11] Señor, te suplico que escuches nuestra oración, pues somos tus siervos y nos complacemos en honrar tu nombre. Y te pido que a este siervo tuyo le concedas tener éxito y ganarse el favor del rey.»*

Cuando intercedes por la iglesia, recuerda que es el pueblo de Dios y ellos son sus siervos. Dios está obligado a levantarse en su favor. Dios ya los compró con la sangre de su Hijo. Aquí, Nehemías no tenía nada que ganar, pero él es el siervo de Dios y quiere honrar a su Maestro. Él podría ser el único que intercede por Israel y el único en condiciones de hacer algo. Parece que el Señor ya puso en su corazón lo que tenía que hacer.

¹¹En aquel tiempo yo era copero del rey.

El copero probó las bebidas para ver si había veneno en ellas. Era una posición de gran confianza. Dios le puso en esa posición para este momento. Posiblemente, Nehemías pasó años en ese palacio pensando: "¿Por qué estoy aquí? No estoy haciendo nada para Dios ni ayudando a mi gente. Estoy malgastando mi vida probando vino para un rey opresivo."

¿Dónde te ha puesto Dios? ¿Estás en una posición de influencia? ¿Estás orando acerca de cómo el Señor quisiera usarte en tu posición?

En el mundo actual, nos asaltan las noticias en televisión e Internet de tragedias en todo el mundo. Sería fácil desesperarse. Tenemos que mantener nuestros ojos en Jesús y luchar contra un corazón endurecido. Si cada cristiano tuviera la actitud de Nehemías e hiciera algo para cambiar la situación, este mundo se transformaría.

2 ¡El Señor quiere hacer cosas grandes contigo!

Nehemías 2:1-10

Señor, ¡necesitamos hombres como Nehemías! Dios transformó a un preso, un cautivo al servicio de un rey opresor, en un instrumento de restauración, no solo de los muros de Jerusalén, sino también del pueblo de Dios. Como José, que el Señor sacó de una prisión egipcia para gobernar el país, y como tú. Porque si tú sirves al mismo Dios, Él puede hacer lo mismo contigo.

¿Cómo? Aquí hay doce pasos sencillos que pueden prepararte para cambiar tu mundo:

1. **Prepárate espiritualmente.** La reflexión, el ayuno y la oración del capítulo 1 sentaron las bases: Nehemías se alineó con el plan de Dios. Una vez alineado con el Señor del universo, experimentarás su poder y favor.

¹Un día, en el mes de nisán del año veinte del reinado de Artajerjes, al ofrecerle vino al rey, como él nunca antes me había visto triste

2. **Sigue con tu vida diaria como siempre.** Trabaja, cumple con todos tus deberes y hazlo con excelencia. Es más fácil cuando tu trabajo te ofrece contacto diario con el rey. A Dios le encanta colocar a sus hijos en posiciones de influencia. Piensa en eso cuando evalúas tus opciones para el futuro, aunque el Señor puede usarte en cualquier lugar.

3. **Mantén un testimonio ejemplar**. ¿Diría tu jefe o tu familia que nunca te han visto triste? Hay muchos cristianos tristes, y todo el mundo lo nota. No quiero decir que un creyente nunca deba estar triste, pero es un gran testimonio para el mundo cuando un creyente manifiesta el gozo del Señor en medio de la tribulación. Creo que fue un gran testimonio para el rey que Nehemías siempre estaba alegre en su presencia. Nehemías dijo: "El gozo del Señor es nuestra fortaleza", basado en su experiencia personal.

[2] me preguntó: —¿Por qué estás triste? No me parece que estés enfermo, así que debe haber algo que te está causando dolor.

4. **Como puedas, mantén una relación saludable con todos** (ver Romanos 12:18 y 1 Timoteo 3:7). Muestra el amor de Cristo en tu compasión e interés por tus superiores y compañeros. Para el rey, su copero no solo era un esclavo, sino una persona de valor. ¿Estudias el semblante y las emociones de la gente que te rodea? ¿Te importa si alguien está enfermo o triste? Con esa sincera amistad e interés, ganas mucho favor con la gente.

5. **Espera el tiempo del Señor.** Pasaron unos cuatro meses después de su ayuno. No te apresures ni manipules la situación con tu propia fuerza. Confía en el Señor, que Él creará la oportunidad.

[2] Yo sentí mucho miedo [3] y le respondí: —¡Que viva Su Majestad para siempre! ¿Cómo no he de estar triste, si la ciudad donde están los sepulcros de mis padres se halla en ruinas, con sus puertas consumidas por el fuego?

6. **Cuando el Señor abre la puerta, entra por ella**. Habla sinceramente de lo que hay en tu corazón. Nehemías estaba muy consciente de que él era un esclavo y luchaba por mantener una autoestima saludable. Tú puedes esperar meses para que esa

puerta se abra y luego tener miedo cuando se abra. ¡Nehemías sintió mucho miedo! Eso es normal, pero da ese paso de fe. Si alguien te pregunta por qué estás siempre gozoso, responde honestamente que es por Jesús.

4 —¿Qué quieres que haga? —replicó el rey.

7. **Cuando haces tu parte, confiando en Dios, el Señor va a tocar el corazón de otros.** Incluso el rey. (Proverbios 21:1: *En las manos del Señor el corazón del rey es como un río: sigue el curso que el Señor le ha trazado.*)

4Encomendándome al Dios del cielo, 5le respondí: —Si a Su Majestad le parece bien, y si este siervo suyo es digno de su favor, le ruego que me envíe a Judá para re-edificar la ciudad donde están los sepulcros de mis padres.6 —¿Cuánto durará tu viaje? ¿Cuándo regresarás? —me preguntó el rey, que tenía a la reina sentada a su lado.

8. **Fija tus ojos en Jesús y sigue orando.** Nehemías impregna todo lo que hace con la oración. Él sabe que necesita el favor de Dios (y del rey) para realizar la obra. También debemos orar, porque recibir el favor de alguien no depende de tu capacidad lingüística ni de "vender" tu caso.

9. **Cuando Dios abre la puerta, está preparado.** Sabe exactamente lo que quieres hacer y lo que necesitas. Habla con confianza, respeto y claridad. Nehemías ya había orado sobre lo que debía hacer, y tiene un plan muy ambicioso: Quiere reedificar la ciudad de sus padres. ¿Qué puedes hacer para reedificar lo que el enemigo ha destruido en tu familia e iglesia?

6En cuanto le propuse un plazo, el rey aceptó enviarme. 7Entonces añadí: —Si a Su Majestad le parece bien, le ruego que envíe cartas a los gobernadores del oeste del río Éufrates para que me den vía libre y yo pueda llegar a Judá; 8y por favor ordene a su guardabosques Asaf que me dé madera para reparar las puertas de la ciudadela del templo, la muralla de la ciudad y la casa donde he de vivir.

10. Este no es el momento para la timidez. ¡Dios está contigo! Pide todo lo que Dios ha puesto en tu corazón, pero no pidas en la carne cosas que no son de Dios, cosas para tu propio beneficio. Nehemías probó las aguas y, al ver el mover de Dios y la respuesta positiva del rey, tuvo más coraje y pidió más. Cuando Dios te guíe a hacerlo y su favor esté sobre tu vida, pide cosas grandes, ya sea del gobierno o de los ricos.

⁸El rey accedió a mi petición, porque Dios estaba actuando a mi favor. ⁹Cuando me presenté ante los gobernadores del oeste del río Éufrates, les entregué las cartas del rey. Además el rey había ordenado que me escoltaran su caballería y sus capitanes.

11. No te sorprendas si Dios te da más de lo que esperabas. Cuando Dios está actuando en tu favor, suceden milagros. Hay provisión. Te darán aún más de lo que pediste, como la caballería y capitanes aquí.

¹⁰Pero al oír que alguien había llegado a ayudar a los israelitas, Sambalat el horonita y Tobías el siervo amonita se disgustaron mucho.

12. Prepárate para una batalla. El enemigo se enoja mucho cuando ve la mano de Dios sobre tu vida. No te apures; siempre habrá oposición. Cuando alguien se levanta con mucha fe para hacer grandes cosas para el Señor, el diablo se levantará furioso y hará todo lo posible para detener la obra. Otros estarán celosos de ti.

¿Quiénes son tus Sambalat y Tobías ahora? A ver cómo responderles. ¿Cómo te están impactando? Hay que luchar contra el desánimo y el temor. Muchos han fallado aquí y pierden la oportunidad de hacer cosas grandes para el Señor. Estudia estos doce pasos. Son sencillos, ¿verdad? ¿No crees que el Señor pueda hacer algo grande en tu vida también?

3 ¡Manos a la obra!

Nehemías 2:11-20

Dios hizo un milagro: Tomó a un preso de Babilonia, lo llevó a Jerusalén con cartas del rey, y tiene madera de los bosques reales para las reparaciones. ¡Incluso fue escoltado por la caballería y los capitanes del rey! Nehemías tiene su tarea y su provisión, pero aún no ha hecho nada. Acaba de llegar. Por desgracia, hay muchas personas con sueños, visiones y el llamado de Dios para hacer cosas grandes, pero nunca meten mano. Por alguna razón, no hacen nada.

Ahora Nehemías necesita otro milagro, y lo recibe: un pueblo que vivió en ruinas y la desgracia se levantó para trabajar y restaurar su ciudad. Con el fundamento necesario que Nehemías ya ha puesto, vamos a ver cómo Dios motiva a la gente a trabajar. ¿Hay una necesidad de gente motivada para trabajar para el Señor en tu iglesia y en tu ciudad? ¿Puedes ser tú un instrumento de Dios para motivarlos?

¹¹ Tres días después de haber llegado a Jerusalén, ¹² salí de noche acompañado de algunos hombres, pero a ninguno de ellos le conté lo que mi Dios me había motivado hacer por Jerusalén. La única bestia que llevábamos era la que yo montaba.

1. **No tienes que anunciar a todos lo que Dios haya puesto en tu corazón, y no hay que actuar apresuradamente.** Nehemías esperó tres días para acostumbrarse a la ciudad y observar lo que estaba pasando allí. Muchos, al recibir alguna palabra o profecía, inmediatamente la anuncian a todos. Es como decir: "Yo he llegado. Dios me ha enviado aquí para ayudarles. Vengo del rey

de Asiria." Eso llama más la atención al hombre que a Dios o a la tarea.

Cuida bien los tesoros que Dios te ha dado. Sé prudente en la forma en que los compartes. Recuerda estas palabras de Jesús en Mateo 7:6: *No den lo sagrado a los perros, no sea que se vuelvan contra ustedes y los despedacen; ni echen sus perlas a los cerdos, no sea que las pisoteen.*

[13] Esa noche salí por la puerta del Valle hacia la fuente del Dragón y la puerta del Basurero. Inspeccioné las ruinas de la muralla de Jerusalén, y sus puertas consumidas por el fuego. [14] Después me dirigí hacia la puerta de la Fuente y el estanque del Rey, pero no hallé por dónde pasar con mi cabalgadura. [15] Así que, siendo aún de noche, subí por el arroyo mientras inspeccionaba la muralla. Finalmente regresé y entré por la puerta del Valle.

2. **Estudia y evalúa la situación.** Inspecciona la iglesia, la ciudad o el país para ver lo que está sucediendo en el espíritu y cómo hacer la obra. Es bueno caminar por el vecindario, orando y escuchando para discernir el corazón de Dios. Mientras caminaba por las murallas, yo creo que Dios le reveló a Nehemías exactamente cómo hacer la obra.

[16] Los gobernadores no supieron a dónde fui ni qué hice, porque hasta entonces no había dicho nada a ningún judío: ni a los sacerdotes, ni a los nobles, ni a los gobernadores ni a los que estaban trabajando en la obra.

3. **Ten cuidado al hablar con los líderes.** Muchas veces, un joven va al pastor con una visión de algo que quiere hacer en la iglesia (puede ser de Dios o no). Pero si él no es prudente, muchos pastores pueden sentirse amenazados o resistirse a algo nuevo. El Señor puede dirigirte a un anciano u otro líder que

tenga un corazón abierto. Prepárate bien (como lo hizo Nehemías con el rey) antes de hablarles.

17 Por eso les dije: —Ustedes son testigos de nuestra desgracia. Jerusalén está en ruinas, y sus puertas han sido consumidas por el fuego. ¡Vamos, anímense! ¡Reconstruyamos la muralla de Jerusalén para que ya nadie se burle de nosotros!

4. Sigue el ejemplo de Nehemías cuando llegue el momento de compartir tus planes con los líderes:

- No los ignores. Inclúyelos en tus planes, aunque pueda ser un inconveniente. Si no lo haces, podrían resistirse y luchar contra todo lo que quieras hacer.

- Comienza con lo obvio, lo que ellos ya reconocen, antes de presentar el plan para aliviar la situación.

- Nehemías se incluye a sí mismo en el problema: es nuestra desgracia. El vino del rey, pero él es uno de ellos.

- Habla honestamente sobre la situación para que vean la necesidad de actuar. Después de muchos años de vivir en desgracia, en ruinas, en una ciudad consumida por el fuego, no pueden ver la gravedad de la situación. Es hora de que se despierten para ver la situación tal como es.

- No los culpes ni los condenes por su falta de trabajo. Nehemías trae un mensaje positivo de esperanza y acción. La verdad es que solo necesitaban un líder, y Nehemías era ese hombre. Me recuerda el papel de Moisés con los esclavos hebreos en Egipto.

5. No se trata de que Nehemías se haga un nombre. Nehemías no se jacta, sino que se preocupa por la gloria y la reputación de Dios. ¡Se están burlando de los judíos! ¡Alguien tiene que hacer algo por el honor del país y de su Dios! Dios quiere levantarse y hacer milagros para el honor de su nombre.

Como David dijo en 1 Samuel 17:26: *¿Qué dicen que le darán a quien mate a ese filisteo y salve así el honor de Israel? ¿Quién se cree este filisteo pagano, que se atreve a desafiar al ejército del Dios viviente?* ¿Se burlan de la iglesia hoy? ¿Vas a hacer algo por el honor de Dios? No busques tu propia gloria, ni apeles al ego de los líderes.

6. **Comparte testimonios de oraciones contestadas y la provisión de Dios para alentar a la gente.** Tales testimonios edifican la fe del pueblo y los alientan a levantarse. Muestran cómo Dios ha hecho grandes cosas por medio de gente en situaciones similares.

[18]Entonces les conté cómo la bondadosa mano de Dios había estado conmigo y les relaté lo que el rey me había dicho. Al oír esto, exclamaron: —¡Manos a la obra! (RVR: *Levantémonos y edifiquemos.*)

Y unieron la acción a la palabra. (DHH: *Y con muy buen espíritu se animaron unos a otros.* RVR: *Así esforzaron sus manos para bien.*)

7. **¡Manos a la obra!** Basta ya con más reuniones y meras palabras. Hay que hacer algo (por supuesto, en el tiempo del Señor y a su manera). ¡Cuán grande es la necesidad de esta actitud en la iglesia! ¡Qué pena que muchas veces sean los mismos líderes los que impiden la obra!

- Algunos solo necesitan a alguien que los anime. Estaban viviendo en medio de las ruinas, pero nadie hizo nada. Estaban desanimados y abrumados.

- Es muy fácil hablar. La televisión está llena de predicadores que hablan mucho, pero a menudo son meras palabras. Tenemos que unir la acción a la palabra.

- Muchos tienen las manos caídas. Al escuchar la verdadera palabra de Dios de un hombre ungido con el Espíritu, sus manos se esforzarán.

- Ambos, los líderes y el pueblo, estaban motivados y dijeron: "¡Manos a la obra!" Si no están motivados, podemos obligarlos y predicarles mucho, pero no harán nada. Cuando sigamos los pasos que hizo Nehemías aquí, unirán la acción a la palabra.

[19] Cuando lo supieron, Sambalat el horonita, Tobías el oficial amonita y Guesén el árabe se burlaron de nosotros y nos preguntaron de manera despectiva:

—Pero, ¿qué están haciendo? ¿Acaso pretenden rebelarse contra el rey?

8. **Como siempre, a cada paso, el enemigo quiere detener la obra.**

- Se burlan de ti.

- Cuestionan tus motivos.

- Siembran temor en tu corazón con dudas y amenazas.

¿Hablan de ti o de tu iglesia de manera despectiva? ¿Hay alguien burlándose de ti? ¿Hay alguna duda o temor que han sembrado en tu corazón y que tienes que renunciar?

[20] Yo les contesté:

—El Dios del cielo nos concederá salir adelante. Nosotros, sus siervos, vamos a comenzar la reconstrucción. Ustedes no tienen

arte ni parte en este asunto, ni raigambre en Jerusalén. (NBLH: "El Dios del cielo nos dará éxito. Por tanto, nosotros Sus siervos nos levantaremos y edificaremos, pero ustedes no tienen parte ni derecho ni memorial en Jerusalén." RVR: "El Dios de los cielos, él nos prosperará, y nosotros sus siervos nos levantaremos y edificaremos, porque vosotros no tenéis parte ni derecho ni memoria en Jerusalén.")

9. **Sigue adelante.** No te muevas. Nehemías estaba firme sobre la palabra que recibió de Dios.

- Tu confianza está en Dios; fija tus ojos en Él. La obra es de Dios, la batalla es de Dios y la victoria es de Dios. Los hebreos son siervos de Dios, y van a obedecer a su Maestro.

- Nehemías declara quiénes son: no son creyentes, no son parte del pueblo y no tienen parte ni derecho en el asunto.

- No se detienen. Venga lo que venga, a pesar de lo que hagan en contra, se levantarán y edificarán. No importa la oposición, vamos a predicar la Palabra y edificar la iglesia de Jesucristo. Me recuerda al antiguo corito: En la lucha, en la prueba, la iglesia sigue caminando, sola se detiene para predicar.

10. **Resiste la tentación de hacerlo solo.** Es difícil trabajar con otros. Podemos estar lastimados y traicionados por los hermanos en la iglesia. La verdad es que todos tienen algún tipo de disfunción. La gente puede decepcionarte. A menudo parece más fácil olvidarse de ellos y hacerlo solo. O, como un hombre en un matrimonio difícil que busca una nueva esposa, puedes buscar una nueva iglesia o un mejor grupo de personas con quienes trabajar. ¡Pero esa nueva iglesia tendrá sus propios problemas!

Inicialmente, puedes tener mejores resultados, en menos tiempo, por ti mismo, pero al final el resultado siempre será menor. Tú necesitas a otros. Dios podría gobernar el universo muy bien por sí mismo, pero ha elegido compartir el trabajo con nosotros. ¡Mira los dolores de cabeza que le hemos dado! Una gran parte de tu crecimiento provendrá de aprender a trabajar con otras personas.

En muchos lugares hoy la iglesia de Jesucristo está en ruinas. Sus muros de protección contra el enemigo se derrumban. El mundo se burla de la iglesia. Hay mucho hablar y poca acción. Necesitamos a muchos como Nehemías. ¿Estás dispuesto?

4 Cómo movilizar a tu gente

Nehemías 3

Hasta ahora has hecho un buen trabajo: Todos están convencidos de que hay un trabajo importante que hacer. Ahora se probará tu capacidad para gestionar y delegar. Si tú eres un perfeccionista o insistes en hacer la mayor parte del trabajo solo, probablemente nunca lograrás la tarea y te agotarás en el proceso.

¹Entonces el sumo sacerdote Eliasib y sus compañeros los sacerdotes trabajaron en la reconstrucción de la puerta de las Ovejas. La repararon y la colocaron en su lugar, y reconstruyeron también la muralla desde la torre de los Cien hasta la torre de Jananel. ² El tramo contiguo lo reconstruyeron los hombres de Jericó, y el tramo siguiente, Zacur hijo de Imrí.

La gente está motivada y lista para trabajar. Sólo necesitan a alguien con un plan; alguien que los guíe. Muchos líderes fallan aquí. No saben cómo manejar a la gente. No tienen un plan preparado. Han orado mucho para que Dios levante a la gente, y cuando Dios responde y la gente dice "manos a la obra", no tienen ninguna obra preparada. Así perdemos mucha gente.

Este es el modelo que siguió Nehemías con gran éxito para completar la obra:

- Asignó a varias familias y varios grupos una puerta o una sección de la muralla. En este caso está formado por los sacerdotes y los hombres de Jericó. Muchas veces es mejor buscar a gente de la misma profesión, el mismo idioma, o el mismo pueblo; gente que ya tiene una

21

conexión natural. Es más fácil hacer la obra así; ya entienden las costumbres de ese lugar y, con el favor de Dios, habrá menos conflicto.

- Cuando dividimos la obra de esta manera, es manejable. Al ver la muralla entera destruida y el mucho trabajo necesario para repararla, es fácil sentirse desanimado. Al asignarle solo una puerta, por ejemplo, sientes la fuerza para hacer la obra. Y cuando ves la puerta nueva, te sientes bien, como si hubieras hecho tu parte. Posiblemente por eso, cuando terminaron con la Puerta de las Ovejas, los sacerdotes seguían trabajando en la muralla. En nuestro caso, en lugar de decir: "Vamos a pintar toda la iglesia", o "Evangelicemos toda la ciudad", asigna un cuarto en el templo a cada grupo para pintar, o una cuadra en la ciudad para evangelizar.

- Trabajando así, habrá una competencia sana entre los grupos para cumplir con la obra y hacerla con excelencia. Por su naturaleza, los hombres compiten. Arregla el trabajo para hacerlo casi como un juego, y sé muy liberal para elogiar y reconocer la buena obra de todos. No es para la vanagloria; necesitamos ese reconocimiento. Muchas veces falta en la iglesia.

¿Puedes ver un gran problema?

Ellos no tenían experiencia construyendo murallas. Cada familia va a hacer una obra distinta y tal vez inferior. La muralla no será perfecta ni uniforme. ¡Está bien! Muchas veces tenemos expectativas muy altas de nuestras iglesias (¡y de nuestras familias!), y la gente se desanima. Creen que nunca podrán alcanzar tu nivel de perfección, y resulta que no hacen nada. Es más importante para todos trabajar que tener una muralla perfecta.

¿Recuerdas que Jesús dijo que el reino de Dios es de los niños? ¿Te acuerdas de tus hijos? Tal vez querían ayudarte, pero no hicieron la obra de acuerdo con tus expectativas, y salieron desanimados, posiblemente llorando, y con la mentalidad de que no soy lo suficientemente bueno para agradar a papá. Y la próxima vez no querrán ayudarte. No, puede que no sea conforme a las normas del mundo, pero puede agradar a Dios. La meta es construir la muralla, no hacerla perfecta. Salomón la hizo perfecta y fue derribada.

Siguen trabajando

A continuación, el capítulo nombra a las familias. Todos tuvieron su parte; no era una opción participar o no. De vez en cuando, Nehemías nota algo de interés.

[5] *Los de Tecoa reconstruyeron el siguiente tramo de la muralla, **aunque sus notables no quisieron colaborar con sus dirigentes.***

Parece que este es el único caso en que algunos, notables, se rebelaron y no quisieron colaborar. Es impresionante que los demás respetaran la autoridad de Nehemías y aceptaran la parte que les fue asignada. Muchas veces habrá alguien, algún grupo notable, que no quiera participar. No te apures. Sigue con los demás. Cuando los rebeldes observan a todos trabajando y el muro levantado, estarán convencidos de su pecado.

[12] *Salún hijo de Halojés, que era gobernador de la otra mitad del distrito de Jerusalén, reconstruyó el siguiente tramo **con la ayuda de sus hijas**.*

Posiblemente este hombre no tenía hijos varones, pero fue impresionante para esa época que las hijas también trabajaran. Y tú, incluye a todos en la obra del Señor, incluso si su trabajo no se ajusta a los estándares del mundo. Utiliza a los ancianos y los discapacitados.

*[20] El tramo siguiente, es decir, el sector que va desde la esquina hasta la puerta de la casa del sumo sacerdote Eliasib, lo reconstruyó **con entusiasmo** Baruc hijo de Zabay.*

En cada grupo hay una variedad de personas: hay algunas calladas y otras muy entusiastas. La tarea del líder es dirigir ese entusiasmo para animar a todo el grupo, sin hacer que los demás se sientan menospreciados. Si el líder sabio puede manejar el entusiasmo, será contagioso, al igual que el desánimo puede serlo. El líder sabio sabe cómo responder a las quejas para que no se conviertan en un cáncer, y sabe cómo apoyar el entusiasmo, incluso cuando no está exactamente en línea con sus expectativas. Muchas veces, los mismos líderes apagan el entusiasmo de la gente. No lo hagas.

¿Dirían otros que haces tu obra con entusiasmo? Sería interesante saber por qué Baruc lo hizo así; él era diferente a la mayoría. Queremos motivar a la gente a trabajar con entusiasmo.

*[23] Benjamín y Jasub reconstruyeron el sector que está **frente a sus propias casas**. Azarías, hijo de Maseías y nieto de Ananías, reconstruyó el tramo que está **junto a su propia casa**.*

Se supone que la gente tendría más interés en algo frente a su propia casa o a la par. Estamos encantados con un proyecto en nuestro vecindario, o algo que afecta a nuestra propia familia.

Nehemías tuvo un gran desafío. Después de toda la preparación, si la gente no hace su parte, sería una tarea imposible. He visto a muchos pastores que hacen la mayor parte del trabajo en la iglesia: arreglan las sillas, limpian el templo, sacan copias y dirigen la mayoría de los servicios. No debería ser así. Queremos enseñar a la gente a responsabilizarse de su iglesia, su hogar y sus vidas. Queremos personas maduras, responsables y trabajadoras.

Hay muchos con visiones amplias, que han escuchado del Señor. Incluso pueden recaudar fondos para la obra. Pero hay pocos que realmente saben cómo movilizar a la gente para hacer la obra. Tenemos mucho que aprender de Nehemías.

5 ¡Pelea por tu familia!

Nehemías 4

¿Crees que si haces todo bien y andas en el Espíritu, entonces no habrá batallas? ¿Alguien te dijo que cuando aceptas a Jesucristo, tus batallas se acabarían? Lo siento, pero por desgracia, si estás sirviendo al Señor, habrá batallas en tu vida para toda la vida. Si no haces nada, el enemigo no te molesta. Cuando las murallas estaban en ruinas, Sambalat no hizo nada, pero cuando Nehemías llegó lleno del Espíritu y comenzó a reedificarlas, se desató el infierno.

¿Estás cansado de la lucha? ¿Quieres tirar la toalla y darte por vencido? ¿Cuál es la alternativa? ¿Suicidio? ¿Servir a Satanás? No, como dice una canción favorita mía de Benicio Molina:

Pelea, y no te detengas.
Cristo a tu lado estará.
Pelea, sin vacilar.
Tu mente se turba y se tiende a desmayar.
Si te rindes, morirás.
Acuérdate, mira, cómo Satanás ha querido destruirte una vez más.

¡Muchas veces tenemos que volver a pelear la misma batalla! Pobre Nehemías tenía dos aguijones: Sambalat y Tobías. ¿Tienes a alguien como Sambalat? ¿Un aguijón? ¿Crees que Dios puede permitirlo? ¡Por medio de ese aguijón Él está enseñándote muchas cosas! Buscamos más a Dios en la batalla, y aprendemos más cómo servirle. Mira lo que pasó aquí en Nehemías 4:

¹*Cuando Sambalat se enteró de que estábamos reconstruyendo la muralla, se disgustó muchísimo y se burló de los judíos.* ²*Ante sus compañeros y el ejército de Samaria dijo:*

—*¿Qué están haciendo estos miserables judíos? ¿Creen que se les va a dejar que reconstruyan y que vuelvan a ofrecer sacrificios? ¿Piensan acaso terminar en un solo día? ¿Cómo creen que de esas piedras quemadas, de esos escombros, van a hacer algo nuevo?*

³*Y Tobías el amonita, que estaba junto a él, añadió:*

—*¡Hasta una zorra, si se sube a ese montón de piedras, lo echa abajo!*

La primera etapa de los ataques del enemigo

La batalla comienza con tu mente, con dardos de fuego, esas palabras que hieren tu espíritu. El diablo puede usar a tu jefe, a tu cónyuge o a un amigo, porque las heridas de un ser querido son más dolorosas.

- Desprecian tu obra hasta que tienes dudas de si realmente vale la pena.

- Menosprecian tu raza, tu idioma o tu religión, hasta que crees que eres inferior y tu autoestima sufre.

- Se burlan de ti. Hablan mal de ti a todos. Hoy estaría en Facebook, en Internet o en programas de radio o televisión.

Hacen todo lo posible para desanimarte. El desánimo es una herramienta favorita del diablo; no proviene de Dios.

¿Estás sirviendo fielmente al Señor – y te sientes desanimado y desesperado? ¡Reprende al enemigo y no le escuches! Usa el escudo de tu fe para apagar esos dardos del enemigo y busca a Dios.

Responder al ataque

Nehemías y todo el pueblo respondieron en oración:

⁴ Por eso oramos:

«¡Escucha, Dios nuestro,
cómo se burlan de nosotros!
Haz que sus ofensas recaigan sobre ellos mismos:
entrégalos a sus enemigos;
¡que los lleven en cautiverio!
⁵ No pases por alto su maldad
ni olvides sus pecados,
porque insultan a los que reconstruyen.»

No entran en una batalla de palabras con Sambalat, ni se defienden. Claman a Dios. Reconocen que es una batalla espiritual y van a pelearla en ese nivel. Su oración no expresa el amor por nuestros enemigos que Cristo predicó. Es parecida a una de las oraciones de David: piden la venganza de Dios sobre sus enemigos. Y tú, ora a Dios y entrégale la situación. Luego sigue adelante con la obra. No te detengas.

⁶ Continuamos con la reconstrucción y levantamos la muralla hasta media altura, pues el pueblo trabajó con entusiasmo.

Están progresando a pesar de la oposición. Han levantado la muralla a media altura y, bajo el liderazgo sabio de Nehemías, están trabajando con entusiasmo. Pero el enemigo no se detiene. Responde con ataques aún más feroces.

⁷ Pero cuando Sambalat y Tobías, y los árabes, los amonitas y los asdodeos se enteraron de que avanzaba la reconstrucción de la muralla y de que ya estábamos cerrando las brechas, se enojaron muchísimo ⁸ y acordaron atacar a Jerusalén y provocar disturbios en ella.

La siguiente etapa del ataque

Ahora ellos se unen a otros y planean un ataque a la ciudad. Al principio, Satanás juega con tu mente, pero si eso no sirve para detenerte, él cambia sus tácticas a un ataque físico y puede provocar disturbios en tu familia, iglesia o ministerio.

El enemigo se enoja mucho cuando cerramos las brechas. Una brecha puede ser un área que descuidamos en la vida espiritual, emocional o familiar, o puede ser algún pecado. A través de esas brechas, el diablo tiene acceso a nuestras vidas, familias e iglesias.

[9] *Oramos entonces a nuestro Dios y decidimos montar guardia día y noche para defendernos de ellos.*

Siguen confiando en Dios y nuevamente se reúnen para orar, pero no son tontos. Yo sé que Cristo dijo: "vuélvele la otra mejilla", pero a veces tenemos que actuar. Monta guardia día y noche. Vigila. Analiza la situación. Prepárate con la armadura de Dios y las armas del Espíritu.

A pesar de estos esfuerzos, ahora el enemigo tiene éxito en sus ataques:

[10] *Por su parte, la gente de Judá decía:*

«Los cargadores desfallecen,
pues son muchos los escombros;
¡no vamos a poder
reconstruir esta muralla! (DHH: Nosotros somos incapaces)»

Cuando se desfallecen los trabajadores

Ante la carga de trabajo y los ataques continuos, desfallecen. Se acaba su fuerza. Cada iglesia tiene sus cargadores, los que hacen la mayor parte del trabajo. Cuando ellos desfallezcan, hay problemas reales.

- Los escombros son muchos (la basura de derrotas anteriores); impiden su progreso y solo sirven para distraer y desanimar a la gente. Si es posible, retira los escombros del pasado antes de construir algo nuevo.

- La obra parece demasiado grande y la oposición demasiado fuerte. La tarea les parece imposible. En la carne, son incapaces de hacer el trabajo necesario. Muchos de nosotros sabemos lo que es sentirse abrumados por los desafíos de la vida.

Están en un punto clave. Muchos abandonan la muralla a media altura, la cual es inútil. Después de todo lo que hizo Nehemías, sería fácil perder la batalla aquí.

11 Y nuestros enemigos maquinaban: «Les caeremos por sorpresa y los mataremos; así haremos que la obra se suspenda.»

El objetivo final del diablo

Jesús dijo que Satanás vino a hurtar, matar y destruir. Cuando el enemigo te ve desanimado y cansado, él intensifica sus ataques. Ahora no es solo una batalla de la mente o de las palabras, ni un ataque a la ciudad y a la obra. Ahora él quiere matarlos, y eso es lo que Satanás quiere hacer contigo. Así, la obra de Dios seguramente se detiene.

Al diablo le encanta caer sobre ti por sorpresa. Espera el momento de cansancio y debilidad, y te asalta. *Dios Habla Hoy* dice: *Nuestros enemigos pensaban que no nos daríamos cuenta ni veríamos nada hasta que se metieran en medio de nosotros.* ¡Abre tus ojos! ¡Despiértate! Hay muchos que no se dan cuenta de la estrategia de Satanás. Están dormidos. El enemigo se pone en el medio cuando no estamos vigilando, y de repente el matrimonio se arruina y la iglesia se divide.

¿Es posible que Satanás se haya metido en medio de tu familia o de tu iglesia? ¿Quiere el diablo en este momento caer encima de ti para matarte? ¿Está a punto de detener la obra de Dios en tu iglesia? ¿Estás mirando la muerte a la cara?

12 Algunos de los judíos que vivían cerca de ellos venían constantemente y nos advertían: «Los van a atacar por todos lados.»

Ahora el diablo usa a los mismos creyentes para desanimarte. No tienen la fe ni la visión de cómo vencer al enemigo, solo pueden ver el peligro. Ya están vencidos, y sus llantos y advertencias continuas contaminan a todo el pueblo como un cáncer. Siembran temor en tu corazón y quitan tu fe. La tentación de Nehemías aquí es darse por vencido y volver al palacio del rey en Babilonia. Sería mucho más cómodo. Esta batalla es simplemente demasiado fuerte.   ¿Cómo responderá?

13 Así que puse a la gente por familias, con sus espadas, arcos y lanzas, detrás de las murallas, en los lugares más vulnerables y desguarnecidos. 14 Luego de examinar la situación, me levanté y dije a los nobles y gobernantes, y al resto del pueblo: «¡No les tengan miedo! Acuérdense del Señor, que es grande y temible, y peleen por sus hermanos, por sus hijos e hijas, y por sus esposas y sus hogares.»

Nehemías no se detiene. Responde a la amenaza y organiza a la gente para defenderse. La obra ocupa todo su tiempo. No van al cine, ni a partidos, ni siquiera descansan. Están en una lucha de vida o muerte. Es cuestión de sobrevivir o no. ¿Van a tener una ciudad segura o van a pasar toda la vida con temor, bajo las amenazas del enemigo? Muy posiblemente van a morir y perderán todo.

La importancia crucial del liderazgo piadoso

Nehemías examina y analiza la situación. Estudia lo que está pasando y luego habla con el Señor, esperando su plan y la palabra que tiene para ellos. Luego, llama a todos para que se reúnan, como nosotros llamamos a una reunión para toda la iglesia o toda la familia.

Como Moisés hizo muchas veces, un solo hombre de fe fue responsable de la victoria del pueblo en esta batalla. El varón de Dios no puede caer en duda o desánimo en este momento. Como cabeza de tu casa, tu familia te necesita. Si eres un pastor, tu iglesia te necesita. Tienes que pasar mucho tiempo con Dios en oración, pero luego levántate y proclama palabras de fe para ellos. Habla con Dios acerca de tus dudas y temores, o posiblemente con un padre o una madre espiritual, pero este no es el momento de confesarlos a tu familia o iglesia. Hay tres respuestas esenciales:

1. No les tengas miedo. El temor destruye la fe. Si el temor se apodera de ti, ya has perdido la batalla.
2. Recuerda al Señor. Fija tus ojos en Jesús. Adóralo. Lee su Palabra. Recuérdate de su grandeza y su poder, y de sus palabras a Josué: Nadie puede resistirte.
3. A fin de cuentas, pelea por tu familia, tus padres y tus hermanos. Pelea por tu hogar, por esa mujer que amas tanto, por esa hija preciosa y por tu hijo. Si no estás motivado por el amor de Dios, pelea por ellos. Levántate como hombre o mujer. No dejes que Satanás destruya a tus hijos. No te rindas al diablo, que quiere ese divorcio. He conocido a demasiados hombres débiles que no pelean en la oración ni en el Espíritu. Son destruidos y no

pueden hacer nada frente a los ataques del enemigo. ¡Levántate! ¡Háblales la Palabra de Dios! ¡Sigue adelante!

15 Una vez que nuestros enemigos se dieron cuenta de que conocíamos sus intenciones y de que Dios había frustrado sus planes, todos regresamos a la muralla, cada uno a su trabajo. 16 A partir de aquel día la mitad de mi gente trabajaba en la obra, mientras la otra mitad permanecía armada con lanzas, escudos, arcos y corazas. Los jefes estaban pendientes de toda la gente de Judá. 17 Tanto los que reconstruían la muralla como los que acarreaban los materiales, no descuidaban ni la obra ni la defensa. 18 Todos los que trabajaban en la reconstrucción llevaban la espada a la cintura. A mi lado estaba el encargado de dar el toque de alarma. 19 Yo les había dicho a los nobles y gobernantes, y al resto del pueblo: «La tarea es grande y extensa, y nosotros estamos muy esparcidos en la muralla, distantes los unos de los otros. 20 Por eso, al oír el toque de alarma, cerremos filas. ¡Nuestro Dios peleará por nosotros!»

21 Así que, desde el amanecer hasta que aparecían las estrellas, mientras trabajábamos en la obra, la mitad de la gente montaba guardia lanza en mano.

22 En aquella ocasión también le dije a la gente: «Todos ustedes, incluso los ayudantes, quédense en Jerusalén para que en la noche sirvan de centinelas y de día trabajen en la obra.» 23 Ni yo ni mis parientes y ayudantes, ni los de mi guardia personal, nos desvestíamos para nada: cada uno de nosotros se mantenía listo para la defensa.

¡Victoria! ¡Éxito! ¡Nehemías lo logró! Cuando un hombre logra lo que Nehemías logró aquí, ¡tenemos que celebrar!

La batalla no se acaba. Todavía queda mucho por hacer, pero el enemigo reconoce su derrota y se retira. ¿Por qué? Nehemías y el pueblo conocen sus intenciones. Satanás opera en la oscuridad, y cuando revelamos sus estrategias, él se retira. Los enemigos vieron la mano de Dios y supieron que fue Dios quien frustró sus planes. Ya saben que no pueden pelear contra Dios.

Es tentador descansar, pero es importante, después de una batalla, volver a la obra que Dios nos ha dado. Todos volvieron a trabajar. Cada uno tenía su lugar. Trabajaron sin descansar. De hecho, Nehemías estableció nuevas normas.

- No pueden descuidar la obra ni la defensa. La mitad trabaja, mientras que la otra mitad está armada y defiende la muralla.

- Los jefes vigilan a toda la gente. Nehemías no puede hacer todo solo; necesita ancianos y jefes, despiertos y vigilantes, para detectar cualquier problema o desánimo y responder de inmediato. Necesitan a todos.

- Una buena comunicación es esencial, por lo que establecieron una alarma. Si hubiera una amenaza, sonarían la trompeta y todos correrían hacia ese lugar. Necesitan la unidad del pueblo. Son uno. Hoy puede ser en WhatsApp, Facebook, mensajes de texto o teléfono, pero si hay un miembro de la familia o una iglesia bajo ataque, todos deberían ayudarle. Nadie debería sufrir solo.

- Nosotros planeamos y nos preparamos, pero nuestra confianza está en Dios. Él pelea por nosotros, y eso nos da mucho ánimo.

- Trabajan todo el día y ni siquiera se desvisten. Tienen que estar listos día y noche. Ya han visto el poder del enemigo y saben que no hay tiempo para descansar. La rutina diaria cambia por completo. No es cuestión de media hora de oración y ya, seguimos con la vida como siempre. Si tu hijo usa drogas, si tu mujer está con otro hombre, si hay ataques fuertes del diablo, tienes que concentrarte completamente en la batalla. Exige toda tu fuerza.

¡Dios peleará por ti!

¿Ves cómo la batalla te obliga a concentrarte y dedicarte al 100% al Señor? Nos obliga a trabajar juntos. Si no trabajan juntos y se apoyan, no sobrevivirán. ¿Es posible que muchos estén cayendo en la iglesia porque todavía no hemos aprendido esta lección? Estamos muy complacientes, perezosos y solo nos preocupa nuestro bienestar.

Mi hermano y mi hermana, esto no es un juego. En serio, Satanás te quiere muerto. Quiere destruir tu familia y tu iglesia. Tú puedes ser un Nehemías que se levanta como instrumento de Dios para su salvación. Pelea y no te detengas. Peleemos juntos. Nadie puede resistirte. Y a fin de cuentas, la buena noticia es que Dios peleará por ti.

6 Cómo sanar divisiones

Nehemías 5

ehemías finalmente ha silenciado a sus adversarios. Hemos visto la progresión de los ataques de sus enemigos: desde palabras hasta amenazar la obra y tratar de matarlos. A cada paso, Dios honró la fe y la perseverancia de Nehemías, peleó sus batallas y protegió a su pueblo. El trabajo en la muralla avanzaba, aunque requería medidas extraordinarias. Pero el enemigo no se para.

La próxima estrategia del diablo: Luchas internas

Hemos visto la importancia de la unidad frente a los ataques. Imagina el estrés para los judíos: casi no dormían y trabajaron con el temor de que el enemigo pudiera caer sobre ellos en cualquier momento. Ahora el enemigo se aprovecha de esa debilidad y cambia su estrategia, para fomentar luchas y divisiones en el mismo pueblo de Dios.

[1]Los hombres y las mujeres del pueblo protestaron enérgicamente contra sus hermanos judíos, [2] pues había quienes decían: «Si contamos a nuestros hijos y a nuestras hijas, ya somos muchos. Necesitamos conseguir trigo para subsistir.» [3]Otros se quejaban: «Por conseguir trigo para no morirnos de hambre, hemos hipotecado nuestros campos, viñedos y casas.» [4] Había también quienes se quejaban: «Tuvimos que empeñar nuestros campos y viñedos para conseguir dinero prestado y así pagar el tributo al rey. [5] Y aunque nosotros y nuestros hermanos somos de la misma sangre, y nuestros hijos y los suyos son iguales, a nosotros nos ha tocado vender a nuestros hijos e hijas como esclavos. De hecho, hay hijas nuestras sirviendo como esclavas, y

no podemos rescatarlas, puesto que nuestros campos y viñedos están en poder de otros.»

Parece que Nehemías no estaba consciente de los abusos, aunque duraban mucho tiempo. Eso tiene sentido; él ha estado muy ocupado. Pero los pobres se han sentido frustrados durante mucho tiempo por la explotación y la grave desigualdad económica. Lo peor era que los opresores eran sus propios hermanos judíos. Por fin hubo una gran protesta y clamor.

Había mucha hambre. Algunos tenían una mesa vacía, otros la tenían llena de comida rica. Aunque había una hambruna, había trigo, pero estaban cobrando precios muy elevados, lo que obligaba a los pobres a hipotecar todo lo que tenían. ¡Al menos tenían propiedades para hipotecar! Mucha gente pobre ni siquiera tiene ese recurso. También tuvieron que buscar préstamos para pagar el impuesto al rey. Necesitan alivio de estos impuestos. Desesperados y sin otro remedio, vendieron a sus hijos. La esclavitud era común.

La pobreza engendra impotencia. Los pobres pierden la voz y caen en un ciclo vicioso que es difícil de romper. Hasta ahora, no había nadie en Jerusalén para defenderlos. Sin ninguna intervención, Judá se convertirá en una sociedad de ricos y pobres, similar a muchos países en la actualidad. Esta desigualdad entre hermanos plantea dudas desconcertantes:

- ¿No todos los niños merecen una buena educación?
- ¿Es justo que los ricos tengan mejores escuelas?
- ¿No todos los jóvenes merecen la oportunidad de prepararse para una carrera en la universidad?
- ¿Es verdad que todos son creados iguales?
- Si realmente creen eso, ¿por qué no actúan conforme a ese credo y no como si fuesen superiores?

Estas quejas son exactamente el pábulo que Satanás usa para crear divisiones y detener la obra de Dios. Muchas iglesias se dividen por asuntos mucho más insignificantes. ¿Has experimentado cómo Satanás ha utilizado la desigualdad y las divisiones para destruir una iglesia? Si estás casado, estoy seguro de que ya sabes cómo una pequeña queja puede volverse muy seria. ¿Qué tácticas de dividir y conquistar has observado en los matrimonios? ¿Hay quejas legítimas debajo de la superficie en tu iglesia u hogar?

Debajo de estos abusos está la tendencia humana a buscar el primer lugar y aprovecharse de los demás. ¡El "yo" es lo primero! En el proceso, es fácil ignorar los mandatos más importantes sobre el amor, la misericordia y la justicia.

6 Cuando oí sus palabras de protesta, me enojé muchísimo.

Finalmente, tuvieron a un defensor en Nehemías. Estaba lleno de ira justa. ¿Te enojas por la injusticia? ¿Te enojas con las divisiones y la desigualdad en la iglesia? ¡No toda la ira es mala! Debe energizarnos para tomar acción constructiva. ¿Escuchas el clamor de los oprimidos? Es demasiado fácil alejarse de sus problemas.

7 Y después de reflexionar, reprendí a los nobles y gobernantes:

—¡Es inconcebible que sus propios hermanos les exijan el pago de intereses!

Convoqué además una gran asamblea contra ellos, 8 y allí les recriminé:

—Hasta donde nos ha sido posible, hemos rescatado a nuestros hermanos judíos que fueron vendidos a los paganos. ¡Y ahora son ustedes quienes venden a sus hermanos, después de que nosotros los hemos rescatado!

Responder a los conflictos internos en la iglesia

Jesús dijo: "Bienaventurados los pacificadores." Necesitamos pacificadores hoy. Hay grandes predicadores que no saben cómo manejar los conflictos en la iglesia. Muchos hombres manejan bien sus negocios, pero en casa se retiran y no saben qué hacer. Demasiados pastores retroceden frente a los ancianos o diáconos, o a aquellos que ofrendan mucho. Muchos maridos no quieren la molestia de los problemas familiares. No es fácil, pero no puedes simplemente ignorar la situación con la esperanza de que desaparezca. Eso casi nunca sucede. Lo que se va a ir es la mayoría de tu congregación o tu mujer. ¡Levántate para hacer lo que sabes que es correcto!

Nehemías fue uno de los pocos que pudo hacer todo bien. ¿Cómo responde él aquí? No actúa con prisa. Nehemías no temía enfrentar a la gente responsable de los abusos; vemos la misma valentía que demostró ante sus enemigos. Lo que hizo fue arriesgado políticamente. Nehemías desafió una práctica muy común en los negocios: cobrar intereses sobre préstamos. Había un programa para rescatar a los esclavos judíos de sus dueños gentiles, pero los ricos no los ayudaron, sino que, en su lugar, instituyeron otra esclavitud.

Nehemías no hizo ningún arreglo a escondidas. Llamó a todos a una gran reunión. Ya hemos visto su gran autoridad, y aquí la usa sabiamente. Es más fácil hacer el acuerdo en privado, pero es mejor hacerlo en público.

Si actúas enojado, es fácil meterte en problemas. Reflexiona y verifica las acusaciones. Ten cuidado de seguir las prácticas del mundo y de la iglesia. ¿Cuál sería el impacto económico si los cristianos prestaran dinero entre sí, libres de intereses? ¡Jesús dijo que no te preocupes si te reembolsan o no (Mateo 5:42)! ¡Él te cuida!

⁸Todos se quedaron callados, pues no sabían qué responder.

⁹ Yo añadí: —Lo que están haciendo ustedes es incorrecto. ¿No deberían mostrar la debida reverencia a nuestro Dios y evitar así el reproche de los paganos, nuestros enemigos? ¹⁰ Mis hermanos y mis criados, y hasta yo mismo, les hemos prestado dinero y trigo. Pero ahora, ¡quitémosles esa carga de encima! ¹¹ Yo les ruego que les devuelvan campos, viñedos, olivares y casas, y también el uno por ciento de la plata, del trigo, del vino y del aceite que ustedes les exigen.

La solución que Nehemías propone es radical y muy costosa para los ricos. Muchas veces, nadie quiere hacer el duro trabajo de arreglar la situación. Si eres pastor, te toca a ti. Si eres marido, es tu responsabilidad. La unidad de tu iglesia y de tu hogar tiene prioridad.

Nehemías los confronta claramente con la verdad, y no hay nada que ellos puedan decir. Esta es una cuestión de bien y mal, y está claro que los poderosos están equivocados. Hay áreas de color gris, pero cuando es blanco y negro, estamos obligados a levantarnos por el bien y condenar lo malo. Ellos no temen a Dios. Han olvidado que tienen que rendir cuentas al Creador por el trato a sus hermanos. Y tú, ¿estás caminando en el temor de Dios? ¿Hay alguna situación en tu trabajo, en tu iglesia o en tu hogar donde tengas que arriesgar algo y decir: "Lo que usted hace está mal"?

Ellos están dando un mal testimonio a sus enemigos gentiles, y no les importa. Tienen que arrepentirse, dejar su pecado y arreglar la situación. Tienen que devolver lo que fue hipotecado y reembolsar los intereses. ¡Y solo cobraban una tasa de interés del 1%! ¡Nosotros estaríamos muy felices con una oferta como esa! Pero está mal en la familia de Dios que uno prospere a costa de los demás.

Cuando los creyentes se comportan como el mundo, Dios se ve mal. Qué pena que para muchas personas la iglesia sea una broma. Tienes que caminar de manera irreprochable para que otros puedan ver a Cristo en ti, se sientan atraídos a Él y le glorifiquen. ¿Cómo está tu testimonio? ¿Estás en pecado? Aunque puede ser muy difícil, ¿cómo puedes arreglarlo? ¿Cómo crees que respondería la gente que te rodea si los desafiaras de esta manera?

[12] —Está bien —respondieron ellos—, haremos todo lo que nos has pedido. Se lo devolveremos todo, sin exigirles nada.

Entonces llamé a los sacerdotes, y ante éstos les hice jurar que cumplirían su promesa. [13] Luego me sacudí el manto y afirmé:

—¡Así sacuda Dios y arroje de su casa y de sus propiedades a todo el que no cumpla esta promesa! ¡Así lo sacuda Dios y lo deje sin nada!

Cuando alguien dice la verdad y luego proporciona una salida justa como remedio, no hay mucho que discutir. Saben que están mal y saben que Nehemías no los dejará continuar en su pecado. Hay una gran diferencia entre alguien que viene a desafiar con timidez y debilidad, y alguien que habla con valentía y con la autoridad de Dios. Nehemías habló con esa autoridad a Sambalat y Tobías. Dijo palabras fuertes, de juicio, pero ellos saben que no son amenazas vacías. El Espíritu de Dios lo apoyaba y obraba en él y en la gente. ¡Hay una gran necesidad en el gobierno y en la iglesia de esa gente justa con esta autoridad!

Una respuesta asombrosa

[13]Toda la asamblea respondió:

—¡Amén!

Y alabaron al Señor, y el pueblo cumplió lo prometido.

¡Esta es una verdadera obra de Dios! Nehemías los reprende. Tienen que devolver mucho dinero. ¡Y alaban al Señor! ¡Y cumplieron lo prometido! ¡Este es un arrepentimiento genuino! ¡Este es el espíritu de avivamiento! Algo está suelto en el Espíritu cuando Dios se mueve y un varón ungido se levanta y enfrenta la injusticia con la autoridad divina. ¿Significa que no duele humillarse así? ¡Claro que duele! Pero Nehemías les da una salida, el Espíritu de Dios los toca, y ahora alaban al Señor.

La salvación no es solo una cuestión de asistir a la iglesia, diezmar y leer la Biblia. Tiene mucho que ver con tu trato con otros, cómo manejas tu negocio y cómo respondes a la injusticia. Las cuestiones económicas son muy importantes para Dios.

Nehemías estaba bien con Dios. No tuvo que arrepentirse. Sería fácil para él despreciar a estos "pecadores" o ignorar la situación, pero no puede. Estamos obligados a levantarnos y defender lo que es correcto. Nehemías podía hacerlo porque andaba irreprochable.

¡Cuánto necesitamos a hombres como Nehemías hoy! Como resultado de sus acciones sabias, una división que podría destruir el país fue sanada. Otra vez, el enemigo fue vencido. Pero Nehemías no solo respondió al problema; él se movió de forma proactiva para fomentar la comprensión y la unidad. Es fácil descansar después de resolver la crisis actual, pero es mucho mejor tener la visión de hacer un cambio duradero para evitar problemas en el futuro.

14 Desde el año veinte del reinado de Artajerjes, cuando fui designado gobernador de la tierra de Judá, hasta el año treinta y dos, es decir, durante doce años, ni mis hermanos ni yo utilizamos el impuesto que me correspondía como gobernador. 15 En cambio, los gobernadores que me precedieron habían impuesto cargas sobre el pueblo, y cada día les habían exigido comida y *vino por un valor de cuarenta monedas de plata. También sus criados oprimían al pueblo. En cambio yo, por temor a Dios, no hice eso. ^{16} Al contrario, tanto yo como mis criados trabajamos en la reconstrucción de la muralla y no compramos ningún terreno.*

^{17} A mi mesa se sentaban ciento cincuenta hombres, entre judíos y oficiales, sin contar a los que llegaban de países vecinos. ^{18} Era tarea de todos los días preparar un buey, seis ovejas escogidas y algunas aves; y cada diez días se traía vino en abundancia. Pero nunca utilicé el impuesto que me correspondía como gobernador, porque ya el pueblo tenía una carga muy pesada.

Nehemías lidera en mostrar el verdadero amor

Nehemías no era solo un gobernante autoritario y severo. Lideraba con el ejemplo y era consistente. No se trataba de apariencias piadosas en la asamblea; durante doce años dio el mismo ejemplo. Como gobernador, él tenía derecho a una porción especial de comida. Muchos pastores hoy dirían que eso fue una bendición de Dios que merecen; quieren aprovechar cualquier beneficio. Pero Nehemías no lo hizo; no quería vivir mejor que sus hermanos. Sabía que la gente ya tenía muchas cargas y no quería agregar una más. Sí, Nehemías tenía una casa y una cocina grande; al menos 150 personas comían en su mesa todos los días, y él pagaba por todo. ¡Qué gran oportunidad para edificar buenas relaciones con su gente! No es pecado tener una casa grande y muchos recursos; la cuestión es: ¿qué haces con ellos? No es justo que algunos creyentes tengan mansiones con habitaciones vacías cuando otros hermanos están sin hogar. ¿Qué haces con la provisión que Dios te ha dado? ¿Cómo es tu ejemplo? ¿Eres consistente?

Nehemías también rompió con una tradición larga: los gobernantes anteriores siempre cobraban fuertes impuestos, pero Nehemías no quería su dinero. Qué triste es cuando los pastores viven en el lujo y aún presionan a su gente para que ofrenden más. ¡Qué pena que hay muchos pastores y líderes cristianos que abusan del rebaño para enriquecerse! Manipulan a la gente con promesas vacías de que Dios va a devolver sus ofrendas multiplicadas. Es cierto que el Nuevo Testamento nos enseña que el pastor merece un salario adecuado. Es injusto cuando un pastor vive en pobreza y tiene una congregación bastante próspera, pero muchas veces la situación se invierte: El pastor tiene un estilo de vida muy alto y la congregación es pobre.

Nehemías no se enseñoreaba sobre la gente, sino que, cientos de años antes de Cristo, se manifestó el estilo de liderazgo que Jesús mandó: *Los reyes de las naciones se enseñorean de ellas, y los que sobre ellas tienen autoridad son llamados bienhechores; mas no así vosotros, sino sea el mayor entre vosotros como el más joven, y el que dirige, como el que sirve* (Lucas 22:25-26). Nehemías trabajó hombro a hombro con la gente. No tenía temor de las manos sucias. Se identificó con el pueblo y dirigía a los demás líderes para que hicieran lo mismo.

Hizo todo por temor o reverencia a Dios. Estaba muy consciente de que estaba bajo la autoridad de Dios y tenía que rendirle cuentas. ¡Nunca quiso abusar del pueblo de Dios! Quería hacer todo lo posible para hacer su carga más liviana.

[19] *¡Recuerda, Dios mío, todo lo que he hecho por este pueblo, y favoréceme!*

Nada de lo que hizo Nehemías fue fácil: no era popular y le resultaba muy costoso. Sería mucho más fácil unirse a los ricos y mantener el statu quo, pero no podía hacerlo y mantenerse firme frente a su Dios. Él no tenía nada que ganar con estos dolores de cabeza; podría estar muy cómodo en el palacio de Babilonia, pero el amor de Dios le obligó a actuar. Él buscaba bendiciones, pero no terrenales ni materiales. Esperaba una recompensa de Dios; si no en esta vida, entonces en la eternidad. Jesús nos advirtió de no buscar recompensa ahora; pues sería la única que recibiríamos (Mateo 6:2,5). ¡Es mucho mejor seguir el ejemplo de Nehemías y esperar nuestra recompensa celestial! ¡Dios recuerda todo lo que has hecho y te recompensará ricamente!

Las escrituras son maravillosas. A primera vista, esta situación parece muy alejada de nuestra experiencia actual, pero el bien y el mal son eternos. ¡Y Nehemías nos da un ejemplo a seguir ahora! ¿Hay algo que Dios te está llamando a hacer?

7 Cerrar las brechas

Nehemías 6

Una y otra vez Nehemías respondió a la crisis con sabiduría, firmeza y gracia. Cuando un problema interno casi paró la obra, Dios le dio una solución audaz, y el pueblo salió fortalecido de la prueba.

Así es como debería ser en tu vida también. Siempre habrá problemas. Si todo está tranquilo en tu trabajo, algo puede suceder en tu hogar. Si la familia está bien, pueden ser problemas en la iglesia. Pero cuando confiamos en Dios, esas pruebas son para nuestro beneficio. El Señor nos enseña y nos purifica, hasta que la prueba no te deja desesperado y atribulado, sino gozoso, que tengas otra oportunidad de ver cómo la mano de Dios resuelve algo imposible (ver Santiago 1:2-5). La vida es mejor que un videojuego; ¡es real!

¹Sambalat, Tobías, Guesén el árabe y el resto de nuestros enemigos se enteraron de que yo había reconstruido la muralla, y de que se habían cerrado las brechas (aunque todavía no se habían puesto las puertas en su sitio).

Están progresando muy bien. La muralla está reconstruida, con todas las brechas cerradas. Solo faltan las puertas. Nehemías dice: "Yo la reconstruí." Claro que él no hizo toda la obra, pero como él es la cabeza, para sus enemigos es su obra. Él es el blanco de sus ataques. Cuando estás en el liderazgo, hay un sentido legítimo de propiedad por tus logros, pero Nehemías no puede descansar mucho en su victoria. Si fue tentado con orgullo, estas batallas constantes lo mantuvieron humilde. Todo está funcionando bien cuando Sambalat, Tobías y el resto de su pandilla vuelven a aparecer. Con la muralla acabada, el enemigo sabe que tiene que darse prisa. No quiere que las puertas estén cerradas. Pronto será tarde. Él tiene que atacar con fuerza para dejarlas abiertas.

La importancia de las puertas

Estamos en los días postreros. La muralla de la iglesia está construida y estamos cerrando las brechas. Por la gracia de Dios, la novia de Cristo está casi lista. Satanás está desesperado, soltando a todos sus demonios para engañar y destruir a tantos cristianos como sea posible. Y son las puertas las que nos hacen vulnerables. Aunque la muralla puede ser muy fortalecida, el diablo puede entrar como una inundación a través de una sola puerta.

Hay puertas en tu vida y en tu hogar. Tú puedes construir una buena muralla de la Palabra de Dios y una vida santificada. Has trabajado duro para cerrar las brechas: áreas donde el enemigo te atacó y casi te destruyó. Adicciones, pecados, maldiciones generacionales, abusos sexuales o físicos y heridas del pasado. Si todavía tienes brechas abiertas, las puertas son inútiles. Primero hay que reparar las brechas. Por la gracia de Dios, es posible experimentar sanidad y edificar murallas fortalecidas; luego, puedes reparar las brechas en tu vida y en tu familia.

Por desgracia, hay muchas personas, familias e iglesias con murallas muy bonitas, pero las puertas están bien abiertas. El diablo no tiene que atacarte; simplemente entra cuando quiera a través de esa puerta abierta. ¿Cuáles son algunas de esas puertas? Internet, televisión, radio, amistades, familia, pecados y acuerdos con el enemigo.

Después de cerrar las puertas

Aun con las puertas cerradas, el diablo va a buscar una manera de destruirte. Aquí querían sacar a Nehemías de la seguridad de la ciudad amurallada, fuera de la comunidad de fe.

²Entonces Sambalat y Guesén me enviaron este mensaje: «Tenemos que reunirnos contigo en alguna de las poblaciones del valle de Ono.» En realidad, lo que planeaban era hacerme daño.

Al recibir este mensaje, algunos dirían "¡Gloria a Dios!" ¡Por fin ellos reconocen a Nehemías y quieren una reunión! Pero ten cuidado con la ingenuidad. El diablo es muy astuto. Es un mentiroso y un engañador. Siempre debemos examinar sus motivos. Nehemías ya sabe que un lobo puede usar ropa de oveja. Él no confía en ellos. Nunca confíes en el diablo. Por supuesto, Dios puede hacer un milagro y traer reconciliación con un enemigo, pero ten mucho cuidado.

Quieren sacarlo de su entorno. Se comunican con urgencia ("tenemos que reunirnos"). Invitan a Nehemías solo. Todo es muy sospechoso. Si alguien quiere una reunión contigo, ¿por qué no van a tu casa? ¿O a tu oficina? ¿Por qué no quieren que tu esposa o tu copastor estén presentes? ¿Por qué, después de tanto tiempo, necesitan una reunión ese mismo día? El cambio de actitud debe ser cuidadosamente analizado.

³Así que envié unos mensajeros a decirles: «Estoy ocupado en una gran obra, y no puedo ir. Si bajara yo a reunirme con ustedes, la obra se vería interrumpida.»

Mantén tus prioridades y cumple tu palabra

He visto a los pastores ofender, rechazar y casi maldecir a gente sincera que no es creyente, pero que quiere ayudar en la iglesia. Eso no es necesario. Nehemías no responde de una manera fea o grosera. No los insulta. Él simplemente dice: "Estoy ocupado con algo muy importante. La obra del Señor tiene prioridad. No puedo ir." No deja ninguna puerta abierta. Muchos tienen que aprender cómo decir "no" con gracia y firmeza. Demasiados dicen "yo iré" cuando nunca intentan ir, para evitar una confrontación o por miedo. Sé un hombre o una mujer de tu palabra. Es común en muchas culturas decir que harás algo y no cumplirlo, pero eso es una mentira y un mal testimonio.

Nehemías comunica la verdadera importancia de lo que está haciendo. Tiene prioridades y no va a dejar una obra importante para perder su tiempo. He visto muchos pastores que no saben cómo ordenar su tiempo y mantener sus prioridades. Sufren de lo que se llama "la tiranía de lo urgente". No terminan muchos proyectos. Tienen que responder a cada texto o llamada. Corren de un lugar a otro. Necesitamos discernimiento del Espíritu Santo para escoger sabiamente cómo usar el tiempo que Dios nos ha dado.

⁴ Cuatro veces me enviaron este mensaje, y otras tantas les respondí lo mismo.

El mundo sabe cómo presionarte hasta que te rindas. Esa presión es mayor en los jóvenes. La primera vez, puede ser fácil resistirse al amigo que te invita a tomar una cerveza, y la segunda vez. Pero a la cuarta vez, muchos se rinden. No quieren ofender al amigo y terminan tomando la cerveza. O puede ser la tentación de la pornografía en Internet. La primera noche te resistes, pero después de unos días de lucha, dices: "Bueno, solo unos minutos, solo una vez." O puede ser la presión de un chico con su novia.

Nehemías se mantuvo firme. No cambió su respuesta. No perdió su tiempo. Cuando alguien observa que no vacilas, te dejará. Así es con Satanás también. Cuando él vea que alguna tentación no te afecta, cambiará a otra.

⁵ La quinta vez Sambalat me envió, por medio de uno de sus siervos, el mismo mensaje en una carta abierta, ⁶ que a la letra decía:

«Corre el rumor entre la gente —y Guesén lo asegura— de que tú y los judíos están construyendo la muralla porque tienen planes de rebelarse. Según tal rumor, tú pretendes ser su rey, ⁷ y has nombrado profetas para que te proclamen rey en Jerusalén, y se declare: "¡Tenemos rey en Judá!" Por eso, ven y hablemos de este asunto, antes de que todo esto llegue a oídos del rey.»

Amenazas e intimidación

Ahora, el enemigo añade una amenaza fuerte a su invitación. Es muy listo y actúa mucho con temor. Puede decir algo como: "Yo sé algo sobre ti, y si no haces lo que yo quiero, voy a hablar con tu esposa, tu pastor o tu jefe."

En este caso, eran puras mentiras. ¡Pero la mentira puede hacer mucho daño! Y si hay algo verdadero en la mentira, puede producir aún más temor.

⁸ Yo envié a decirle: «Nada de lo que dices es cierto. Todo esto es pura invención tuya.»

¿Está el diablo usando invenciones para intimidarte? Nehemías no cae en su trampa. Cuando estás caminando con tu Dios, no hay que temer las invenciones del enemigo.

⁹ En realidad, lo que pretendían era asustarnos. Pensaban desanimarnos, para que no termináramos la obra.

«Y ahora, Señor, ¡fortalece mis manos!»

Mira el discernimiento de Nehemías y cómo él describe lo que pretendían:

- *Asustarnos.*

- *Desanimarnos.*
- *No termináramos la obra.*

¿Has experimentado esos ataques enemigos? ¿Algo que te asusta? ¿Un desánimo profundo? ¿Hasta que no tienes la fuerza para hacer la obra?

¡Clama a Dios, como hizo Nehemías! ¡Él clamó porque las palabras del enemigo estaban tocando su espíritu! ¡Se sentía la necesidad de manos fortalecidas! Pero no quería darle ningún lugar al enemigo. En cada tentación hay una salida. ¡Clama al Señor y Él te ayudará!

[10] *Fui entonces a la casa de Semaías, hijo de Delaías y nieto de Mehitabel, que se había encerrado en su casa. Él me dijo:*

«Reunámonos a puerta cerrada
en la casa de Dios,
en el interior del templo,
porque vendrán a matarte.
¡Sí, esta noche te quitarán la vida!»

[11] *Pero yo le respondí: —¡Yo no soy de los que huyen! ¡Los hombres como yo no corren a esconderse en el templo para salvar la vida! ¡No me esconderé!*

Falsos profetas

Ahora hay un giro muy interesante. Un "hermano" tiene una palabra para Nehemías. No sabemos por qué Nehemías fue a su casa; posiblemente pensó que tendría algunas palabras de aliento. Pero tiene noticias muy alarmantes: esa misma noche el enemigo vendría a matarlo, pero podría salvar su vida escondiéndose en la casa de Dios. ¡Parece un consejo muy sano!

¿No hay momentos en que solo quieres esconderte? ¿Posiblemente en la iglesia? Cuando yo trabajaba en la prisión, la capilla (la iglesia) era un lugar seguro donde alguien podía esconderse. No tocan a alguien que "tiene la religión". Pero Nehemías es un hombre de gran valor y no va a usar su religión para salvar su vida. No es cobarde. Siempre ha enfrentado a sus enemigos.

¹² Y es que me di cuenta de que Dios no lo había enviado, sino que se las daba de profeta porque Sambalat y Tobías lo habían sobornado. ¹³ En efecto, le habían pagado para intimidarme y hacerme pecar siguiendo su consejo. De este modo podrían hablar mal de mí y desprestigiarme.

¡Cuánto necesitamos el discernimiento del Espíritu Santo! ¡Ten mucho cuidado! ¡Hay muchos falsos profetas! No escuches a todos los que vienen con "una palabra de Dios". ¡Hay muchos que no son enviados por Dios, sino por el diablo!

¡Los judíos están casi terminando con la muralla! ¡Sambalat y Tobías están desesperados! ¡No pueden tocar a Nehemías! ¡Han pagado a un supuesto profeta para que lo intimide y lo haga pecar! No hay nada en el varón para infamarle, así que necesitan algún invento para hablar mal de él.

Yo creo que la mayoría de hoy se escondería en el templo, creyendo que es bueno salvar sus vidas y estar en la casa de Dios. Evalúa ante el Señor todos los consejos que recibas. Ora y piensa en todas las consecuencias de alguna acción. ¡Hay gente que quiere hacerte pecar! ¡Nunca subestimes a tu enemigo!

¹⁴ «¡Dios mío, recuerda las intrigas de Sambalat y Tobías! ¡Recuerda también a la profetisa Noadías y a los otros profetas que quisieron intimidarme!»

¡Parece que el enemigo compró a la mayoría de los profetas! ¿Qué puede hacer Nehemías? ¿Devolver el favor y hablar mal de esta profetisa? ¿Difamar a los demás? ¡No! ¡No bajes a su nivel!

¡Sigue adelante con tu tarea! Y entrega todos al Señor. Nehemías los deja en sus manos.

La intensidad de la batalla en estos capítulos es muy impresionante. Lamentablemente, no hay muchos como Nehemías, con la sabiduría, la fuerza y el discernimiento para derrotar al enemigo. La iglesia está llena de gente herida en estas batallas. Es doloroso cuando el diablo usa pastores y profetas para destruirte, pero Dios lo sabe todo. Ellos pagarán. No te desvíes del camino que el Señor ha preparado para ti.

¿Y tú? ¿Cómo te va? ¿Cómo está tu muralla? ¿Tu vida sigue en ruinas? Nehemías te ha dado un muy buen ejemplo de cómo comenzar a reconstruir tu vida. Dios quiere animarte a que sí, es posible, incluso después de tantos fracasos, tener una vida nueva. ¿Has llegado a ese punto en el que estás cansado de vivir en ruinas? ¿Quieres entregar tu vida a Jesús para que Él pueda comenzar a hacerte un nuevo hombre o una nueva mujer?

¿Hay todavía brechas en tu muralla? ¿Sabes cuáles son? Para reparar las brechas, tienes que saber dónde puede entrar el enemigo. Hay muchos que sienten ansiedad, temor y luchas interiores, pero no conocen su origen. Pídele a Dios que te muestre las brechas y, por el poder del Espíritu Santo, las sane y repare.

¿Cómo están las puertas? ¿Te faltan algunas? ¿Hay puertas abiertas en tu vida, en tu hogar y en tu iglesia donde Satanás aún puede entrar? ¿Cómo puedes cerrarlas?

¡Dios está contigo como un poderoso gigante! ¡Clama a Él; te ayudará en tu batalla!

8 Quebrantar la intimidación

Nehemías 6:15-19

Muchos hombres tienen visiones y empiezan proyectos. Pocos los terminan. ¿Dudaste en algún momento si Nehemías podría terminar un proyecto tan ambicioso y con tanta oposición como reedificar las murallas de Jerusalén? Pues, la mayoría de nosotros ya sabemos la historia. Pero fue un milagro, un gran ejemplo de lo que una sola persona ungida por el Espíritu puede hacer.

¡Se la terminaron!

15 La muralla se terminó el día veinticinco del mes de elul. Su reconstrucción había durado cincuenta y dos días. 16 Cuando todos nuestros enemigos se enteraron de esto, las naciones vecinas se sintieron humilladas (DHH: tuvieron mucho miedo y se vino abajo su orgullo), pues reconocieron que ese trabajo se había hecho con la ayuda de nuestro Dios.

La reconstrucción duró cincuenta y dos días; ¡menos de dos meses! ¡Increíble! Sus enemigos fueron humillados y avergonzados por sus mentiras y ataques. Su orgullosa autoconfianza dio paso al temor. Vieron la mano de Dios. Sabían que habían perdido la batalla.

¿Cuántas veces hoy es tan obvio que algún proyecto solo fue posible con la ayuda de Dios, y le dan la gloria? La triste realidad es que tenemos la capacidad de hacer mucho sin la ayuda de Dios, y mucho hacemos en la carne. ¿Crees que hay algunas murallas que Dios quiere reedificar hoy? ¿Podría un milagro silenciar a nuestros críticos y humillarlos con un temor de Dios?

Nueva intimidación

No es sorprendente que los problemas de Nehemías no terminaran con la terminación de la muralla.

[17] En aquellos días los nobles de Judá se mantuvieron en estrecho contacto con Tobías, [18] pues muchos judíos estaban aliados con él en vista de que era yerno de Secanías hijo de Araj, y de que su hijo Johanán era yerno de Mesulán hijo de Berequías. [19] En mi presencia hablaban bien de mí, pero luego le comunicaban todo lo que yo decía. Tobías, por su parte, trataba de intimidarme con sus cartas.

Aunque era contra la ley de Dios, los judíos contrajeron matrimonios arreglados por Tobías. Formaron alianzas y aún le hicieron votos. ¡El mismo enemigo de Dios estaba muy integrado en la comunidad judía! Nehemías estaba claramente fuera de este grupo, ya que él no comprometería la palabra de Dios. Los nobles lo toleraban, pero estaban aliados con Tobías. Eran espías con dos caras; hablaron bien de Nehemías en su presencia, pero le comunicaron a Tobías todo lo que Nehemías había dicho, incluso sabiendo que Tobías seguía enviando cartas para intimidarlo. Él vio a Nehemías como un competidor; no podía parar la construcción de las murallas, pero estaba ganando la batalla por los corazones del pueblo.

Siempre habrá políticas y dinámicas personales que tienes que navegar. Hay que reconocerlas, pero ten cuidado de no ser dominado por ellas y comprometer lo que Dios te ha llamado a hacer. Satanás las usará para desviarte de lo que sea verdaderamente importante.

Aquí hay algunos ejemplos de lo que puede suceder:

- Tú (y ojalá tu esposa) son los únicos evangélicos en la familia de ella. Son muy católicos y temen tu religión y tu influencia en su hija y nietos. Tu esposa está en una posición muy difícil: dividida entre tú, su familia y el Señor. Necesitas mucha sabiduría y amor para ganarte la confianza de tus suegros, apoyar a tu esposa, dar un buen testimonio y ser fiel a Dios. ¡No es fácil!

- Tú eres el nuevo pastor en una iglesia dividida por el expastor. Hay algunos aliados con ese pastor; otros tienen la expectativa de que tú vayas a arreglar todo. Hay mucha política; no caigas en ella. Todavía hay mucho potencial para las divisiones. Tú eres el pastor de toda la iglesia. Ten mucho cuidado con las alianzas con algunos para la exclusión de otros. El arrepentimiento y la reconciliación son casi siempre mejores que la separación (incluso en un matrimonio). Acuérdate de que, como en ese matrimonio, siempre hay dos caras de la historia.

- Has recibido una promoción en tu trabajo, pero algunos están celosos porque no la recibieron. Otros están aliados con el exjefe. Navega estas aguas con mucho cuidado. Necesitas el apoyo de todos para tener éxito en tu nueva posición. No te metas en políticas ni chismes, que son muy comunes en muchos trabajos.

Intimidación

En todas estas situaciones nos enfrentamos a la intimidación. Es un tema importante en este capítulo.

- En el verso 13, Sambalat y Tobías pagaron a un profeta para intimidar a Nehemías. Su propósito era hacerle pecar.

- En el verso 14, Nehemías reconoce que varios "profetas" querían intimidarlo. El diablo puede usar a la gente de la iglesia para intimidarte.

- En el verso 19, cuando Tobías no pudo tocarlo por la intimidación de los profetas, envió cartas para intimidarlo.

Intimidar significa "infundir miedo o asustar". La intimidación es "la generación o provocación de miedo". La palabra hebrea aparece 332 veces en el Antiguo Testamento y casi siempre se traduce como "miedo". Hay un temor natural y saludable, dado por Dios, para advertirnos del peligro. Pero hay mucho temor que no es de Dios, y su amor perfecto echa fuera ese temor. Ten cuidado, porque el miedo y la intimidación son las herramientas favoritas del diablo. Él quiere paralizarte para que te sometas a él. Quiere controlarte. La intimidación produce desánimo, confusión y frustración. Pierdes tu perspectiva. Todo parece abrumador. Te deja desesperado.

¿Estás experimentando intimidación ahora? ¿Por quién? ¿Estás tentado a pecar como resultado de esa intimidación? ¿Cómo puedes responder a ella?

- No te preocupes demasiado por la intimidación de tus adversarios.

- Trátalos bien, pero reconoce quién está detrás de ellos. Mantén una estrecha vigilancia sobre tu corazón.

- Fíjate en el Señor y pelea en el Espíritu. El amor perfecto de Dios echa fuera el temor.

- No caigas en el pecado ni pierdas de vista lo que Dios te ha llamado a hacer.

- La intimidación engendra el temor del hombre. No queremos ser rechazados o lastimados. Renuncia a ese temor como pecado y teme a Dios.

Sigue el ejemplo de Nehemías:

- Párate sobre la Palabra de Dios y la autoridad que Él te ha dado. La verdad quebranta el espíritu de intimidación.

- El denuedo y la fe que hemos visto en Nehemías superan la intimidación. Reconoce que estás en una batalla. Ponte tu armadura espiritual, levántate y pelea contra ella.

Si quieres estudiar más sobre la intimidación, hay un libro muy bueno de John Bevere: *Quebranto de la Intimidación*.

9 Los próximos pasos

Nehemías 7:1-5

Nehemías no fue intimidado por sus enemigos, y siguió adelante con la obra en Jerusalén.

¹Una vez que se terminó la reconstrucción de la muralla y se colocaron sus puertas, se nombraron porteros, cantores y levitas. ² A mi hermano Jananí, que era un hombre fiel y temeroso de Dios como pocos, lo puse a cargo de Jerusalén, junto con Jananías, comandante de la ciudadela. ³ A los dos les dije: «Las puertas de Jerusalén se abrirán cuando ya haya salido el sol, y volverán a cerrarse y se asegurarán con sus barras cuando los porteros estén en sus puestos. Además, los habitantes de Jerusalén montarán guardia, unos en sus puestos y otros frente a su propia casa.»

Prepara a líderes capaces

Nehemías sabe que no va a estar allí para siempre. Es hora de buscar gente capacitada para administrar y pastorear la obra. Tú no puedes hacerlo todo, y es muy posible que Dios te llame a un proyecto nuevo. Desde el principio tienes que preparar a otros para mantener y continuar la obra. Esa era la mente de nuestro Señor Jesucristo. Más importante que sanar a los enfermos y enseñar a las multitudes, Jesús se dedicó a formar discípulos que serían líderes en la joven iglesia. ¿A quién estás preparando para el liderazgo futuro? ¿Estás siempre pendiente de personas con potencial para invertir en ellas?

Cuando pongas a alguien en una posición, da instrucciones claras sobre exactamente lo que esperas de él. Confirma que sabe lo que debe hacer y cómo hacerlo.

Nehemías buscó a hombres fieles y temerosos de Dios, con corazones sinceros y entregados. Nota que ellos no eran:

- Los más populares
- Los más educados
- Los más ricos
- Los más experimentados
- Los más religiosos

Muchas veces nos llama la atención la persona que alaba mucho a Dios, ofrece oraciones impresionantes o conoce muy bien la Biblia. Pero esa persona también puede ser un fariseo. Lo que yo busco en los líderes es:

- Un espíritu enseñable. No necesito a la persona que cree que ya lo sabe todo.
- Humildad y el corazón de un sirviente, con un buen récord de servicio en la iglesia.
- Un buen testimonio. No perfecto, sino con evidencia de un arrepentimiento genuino y sin practicar el pecado. Honesto con sus fracasos y listo para pedir perdón a Dios y a otros.
- Amor sincero por Dios y otros.

Nehemías nombró a los líderes. Nosotros tendemos a elegir líderes o buscar voluntarios. Pero el modelo bíblico es llamar y nombrar a los líderes. Dios llama, nosotros discernimos su voluntad y luego los nombramos y los ungimos.

4 La ciudad ocupaba una gran extensión, pero tenía pocos habitantes porque no todas las casas se habían reconstruido. 5 Mi Dios puso en mi corazón el deseo de reunir a los nobles, a los oficiales y al pueblo, para registrarlos según su descendencia; y encontré el registro genealógico de los que habían regresado en la primera repatriación.

Después de las murallas, reconstruir la ciudad

Nehemías ya estaba pensando en el próximo paso. Reconstruyó los muros; ahora necesita gente para reedificar las casas y poblar la ciudad. Era parte de la misión de Jesús (Isaías 61:4) y la nuestra también. Nadie quiere vivir en ruinas.

Este trabajo requiere de todos, incluso de los nobles que se aliaron con los enemigos de Nehemías. Dios puso en su corazón el deseo de reunir a la gente. Muchas veces, un proyecto comienza no con una palabra o una voz audible del Señor, sino con un deseo que Dios pone en tu corazón. El primer paso puede ser simplemente reunir a la gente. Hay que aprender a prestar atención a los deseos de tu corazón y discernir cuáles son de Dios.

Nehemías era un muy buen organizador. Primero, va a poner todo en orden, con un registro de la gente. Muchos carecen de esa habilidad de administración, la cual también es un don espiritual. ¿Hay algo que tengas que organizar en tu vida o iglesia ahora?

10 ¿Sabes de dónde vienes?

Nehemías 7:5, 64

Y encontré el registro genealógico de los que habían regresado en la primera repatriación. (7:5)

Varios años atrás mi esposa comenzó a investigar sus orígenes. Parece que tiene una conexión con los sefardíes de España. Yo no lo sabía, pero muchos judíos habían huido a España, donde establecieron Toledo como una nueva Jerusalén (la ciudad está ubicada en un monte, en un lugar parecido a Israel). Durante muchos años prosperaron allí, incluso bajo los musulmanes. Pero los reyes Católicos, Fernando e Isabela, expulsaron a todos los judíos de España. Muchos, que se llamaban *conversos,* supuestamente se convirtieron al catolicismo, pero muchos conversos mantuvieron su fe judía en secreto. Otros huyeron al nuevo mundo. Muchos de los marineros con Cristóbal Colón eran judíos. Hay sefardíes en casi todos los países de Latinoamérica, aunque tal vez la mayoría de ellos no saben nada sobre su herencia. Mi esposa tiene antepasados en Puerto Rico con nombres sefardíes, en las aldeas donde ellos vivían.

Si has leído mucho de la Biblia, ya sabes que la genealogía es importante para Dios. El Antiguo Testamento y los Evangelios dedican bastante espacio a ella. Puede parecer una pérdida de tiempo leerlas, pero Dios las puso allí con un propósito. Era importante saber la tribu de su origen; Jesucristo tenía que probar que era de la tribu de Judá. La genealogía fue muy importante en la obra de Nehemías:

Éstos buscaron sus registros genealógicos, pero como no los encontraron, fueron excluidos del sacerdocio. (7:64)

Los judíos estaban estableciéndose de nuevo en Jerusalén después del exilio. Para servir en el sacerdocio, uno tenía que probar que era de la tribu de Leví. La mayoría, incluso en la tragedia del exilio, mantenía estos registros, pero otros no, y ellos fueron excluidos del sacerdocio. Algunas traducciones aún agregan estas palabras: fueron considerados inmundos.

¿Sabes de dónde vienes? ¿Sabes algo de tu herencia genealógica? Busca tu registro genealógico. Dios te ha dado una herencia única. ¡Dale gracias por ella! Habla con tus abuelos y otros parientes. Graba un video de ellos hablando de sus familias. Yo no tengo a casi nadie a quien pueda preguntar acerca de mi familia; mis abuelos, padres y tíos, todos están muertos. ¡No esperes! Mi esposa tenía una bisabuela que estuvo presente en Puerto Rico cuando llegaron los estadounidenses en 1898. Pídele a Dios que Él te guíe hacia tu historia. Él puede tener algunas sorpresas y bendiciones para ti.

11 Cuatro claves para un avivamiento

Nehemías 8

¿Quieres un avivamiento? ¿En tu vida personal? ¿En tu iglesia? Nehemías es mejor conocido por reconstruir los muros, pero Dios también le usó para traer un avivamiento a esa ciudad. Mira lo que Dios puede hacer con un solo hombre. ¿Crees que Dios puede usarte a ti para transformar tu ciudad?

¹Entonces todo el pueblo, como un solo hombre, se reunió en la plaza que está frente a la puerta del Agua y le pidió al maestro Esdras traer el libro de la ley que el Señor le había dado a Israel por medio de Moisés. ² Así que el día primero del mes séptimo, el sacerdote Esdras llevó la ley ante la asamblea, que estaba compuesta de hombres y mujeres y de todos los que podían comprender la lectura, ³ y la leyó en presencia de ellos en la plaza que está frente a la puerta del Agua. Todo el pueblo estaba muy atento a la lectura del libro de la ley.

Primera clave: Predicar la Palabra

Si queremos un avivamiento, tenemos que volver a la Biblia. No es suficiente simplemente sacar unos textos de prueba para apoyar tu tema; tenemos que predicar la pura palabra. Hay mucha ignorancia de la Biblia entre los cristianos. Qué raro, ¿verdad? Porque tenemos la Biblia siempre con nosotros en el teléfono. Tenemos mejores traducciones que nunca y muchos recursos para estudiar la Biblia en Internet.

En primer lugar, Nehemías y el pueblo judío abrieron las Escrituras.

- *Todo el pueblo se reunió:* hombres, mujeres y niños en edad de comprender la lectura. Unidos, como un solo hombre. Muchas veces, cuando hay un estudio bíblico, solo asisten los hermanos más entregados. Habrá avivamiento si hay unidad, una unidad basada en la Palabra. Yo he llegado a iglesias muy divididas, pero cuando se predica la pura Palabra, no hay discusión, y Dios une a la gente.

- Ellos le *pidieron* a Esdras que trajera el libro. Muchas veces los pastores tienen que rogar a la gente que venga al estudio, pero aquí había hambre por la palabra.

- Un maestro leyó y explicó la palabra. ¿Hay algún maestro en tu iglesia que sepa interpretar y explicar la Biblia? En muchos lugares donde la iglesia está creciendo rápidamente, incluso los pastores no han tenido la oportunidad de estudiar la Palabra. Yo no creo que un seminario (una escuela de posgrado con estudios teológicos avanzados) sea un requisito para el ministerio, pero el número de pastores sin preparación académica está creciendo y da paso a falsa doctrina y malas interpretaciones. Muchas veces, la gente no tiene interés en la Palabra porque el pastor o maestro no sabe cómo profundizarla y llevarla a la congregación. En cambio, tiene chistes, historias, experiencias personales y lo que sabe va a provocar emoción por parte de la congregación.

- Al principio, Esdras solo estaba leyendo la palabra. ¿Tienes una lectura de la Biblia en tu iglesia? En la iglesia católica, cada semana leen el Antiguo y el Nuevo Testamento y los Evangelios. ¿Cómo es que nosotros, que supuestamente somos más fieles a la Biblia, no la leemos en nuestros servicios? ¿Es porque creemos que a nadie le interesaría? ¿O se aburrirán?

- Todos estuvieron *muy atentos* a la lectura. Hay algo malo si leemos la Palabra y la congregación está enviando mensajes de texto, hablando y durmiendo.

⁷Los levitas Jesúa, Baní, Serebías, Jamín, Acub, Sabetay, Hodías, Maseías, Quelitá, Azarías, Jozabed, Janán y Pelaías le explicaban la ley al pueblo, que no se movía de su sitio. ⁸Ellos leían con claridad el libro de la ley de Dios y lo interpretaban de modo que se comprendiera su lectura.

El pueblo acababa de regresar de su cautiverio. No tenían escuelas establecidas, pero de una forma u otra, capacitaron a un buen grupo sobre cómo ministrar la Palabra. ¿Es una prioridad en tu iglesia capacitar a los hermanos para enseñar la Palabra?

No dieron sus opiniones ni hablaron de psicología u otras cosas. Hicieron las tres cosas que nosotros debemos hacer con la Palabra:

- *La explicaban.* El contexto y el fondo histórico; todo lo necesario para que cobre vida.

- *La leían con claridad* (RVR: *ponían el sentido*). ¿Qué está diciendo? Mucha gente todavía halla la Biblia confusa. Tenemos que explicar el sentido de las palabras y hacer que la Biblia sea comprensible.

- *La interpretaban.* ¿Qué significa eso? ¿Cuál es la aplicación para mi vida?

Cuando hagamos esto, la gente entenderá la Biblia. La Palabra de Dios es siempre más poderosa que cualquier palabra humana.

⁴El maestro Esdras se puso de pie sobre una plataforma de madera construida para la ocasión. A su derecha estaban Matatías, Semá, Anías, Urías, Jilquías y Maseías; a su izquierda, Pedaías, Misael, Malquías, Jasún, Jasbadana, Zacarías y Mesulán. ⁵Esdras, a quien la gente podía ver porque él estaba en un lugar más alto, abrió el libro y todo el pueblo se puso de pie. ⁶Entonces Esdras bendijo al Señor, el gran Dios. Y todo el pueblo, levantando las manos, respondió: «¡Amén y amén!». Luego adoraron al Señor, inclinándose hasta tocar el suelo con la frente.

Segunda clave: La restauración de verdadera adoración

La Palabra de Dios estaba en el centro de esta reunión. Cuando recibieron esa Palabra, la adoración fluyó naturalmente y hubo respeto, honor y aun temor para Dios. El pueblo se puso de pie para escuchar la Palabra. Una vez más, lo hacen en el catolicismo: ¿por qué no podemos estar de pie para dar honra a la Biblia?

- Esdras estaba elevado en una plataforma, para dar respeto al maestro y para que todos lo vean. Hoy, el pastor está en jeans, sentado en un taburete y siguiendo todas las últimas modas del mundo. Hay una razón por la cual el púlpito en las catedrales antiguas era muy elevado. Hemos perdido el respeto por la Biblia y por el hombre de Dios.

- Esdras inició la adoración. No había banda. No fue un concierto. El sacerdote dio el ejemplo. He estado en muchos servicios donde el pastor aún no está presente para el culto de adoración. O está preparando su mensaje (¡muy tarde!) o hablando con alguien. ¡El pastor debe ser el primero en adorar a Dios!

- Hubo una hermosa reverencia del pueblo y todos participaron. En muchos servicios, veo que solo unos pocos cantan y adoran a Dios. Algunos están sentados, otros están ocupados con sus teléfonos (¿no pueden vivir sin el teléfono durante un par de horas?) o simplemente lo escuchan como un concierto. Otros salen al baño o compran un café. Alguien tiene que enseñar a la gente cómo adorar a Dios. Si no están allí para un encuentro con el Dios vivo, están en el lugar equivocado. Hay lugar para conciertos evangelísticos, pero no durante el culto de adoración. Dios merece más.

- Estaban totalmente involucrados en la adoración. Levantaron las manos. Se inclinaron hasta tocar el suelo con la frente. La adoración es algo muy santo. Dios nos ama, pero también es temible, y algunas veces deberíamos arrodillarnos para darle reverencia.

Lo que tenemos hoy en día en muchas iglesias es un circo. Yo tengo que preguntarme muchas veces: ¿Dónde está Jesús aquí? Si queremos un avivamiento, tenemos que volver a la Palabra y a la verdadera adoración.

9 Al oír las palabras de la ley, la gente comenzó a llorar. Por eso el gobernador Nehemías, el sacerdote y maestro Esdras, y los levitas que enseñaban al pueblo, les dijeron: «No lloren ni se pongan tristes, porque este día ha sido consagrado al Señor su Dios.»

¿Por qué lloraron? Cuando realmente entendemos lo que dice la Palabra, es como un vaso de agua fresca. Toca el espíritu y las lágrimas fluyen. Posiblemente estaban convencidos de su pecado y de sus fracasos cuando escucharon la Palabra. Comprendieron por primera vez por qué tenían que pasar por la agonía del exilio. De varias maneras, la Palabra los tocó, y tocará a la gente de tu iglesia como ninguna otra cosa.

Fue un día especial, consagrado al Señor. Hubo reverencia por el Señor y su Palabra, pero también hubo gozo. No queremos volver a cultos fúnebres. El gozo del Señor debe llenar el templo, y la celebración a menudo incluye comida:

[10] Luego Nehemías añadió: «Ya pueden irse. Coman bien (DHH: de lo mejor), tomen bebidas dulces y compartan su comida con quienes no tengan nada, porque este día ha sido consagrado a nuestro Señor. No estén tristes, pues el gozo del Señor es nuestra fortaleza.»

Tercera clave: Restaurar el gozo del Señor a través de la enseñanza clara de la Biblia y la verdadera comunión entre los hermanos.

Después de años en el palacio del rey, Nehemías estaba acostumbrado a la buena comida y bebida. No solo era un buen trabajador, sino que también sabía cómo festejar. Dios nos ha dado comida para bendecirnos y disfrutar. Está bien comer lo mejor y tomar bebidas dulces. ¡Lleva "lo mejor" a la próxima comida común en tu iglesia! Incluye a aquellos que no tienen los fondos para comprar comida y toma parte de esa comida para aquellas personas inválidas que no pueden ir a la iglesia.

El gozo del Señor es nuestra fortaleza. Ese versículo es bien conocido, pero pocos saben que fue dado en el contexto de un servicio de Palabra, adoración y comunión. La tristeza te quita la fuerza. Si te sientes débil, entra en la presencia del Señor, alábalo y recibe su gozo.

[11] También los levitas tranquilizaban a todo el pueblo. Les decían: «¡Tranquilos! ¡No estén tristes, que éste es un día santo!» [12] Así que todo el pueblo se fue a comer y beber y compartir su comida, felices de haber comprendido lo que se les había enseñado.

Estaban felices porque entendían la enseñanza. Qué triste que muchas veces la gente pueda salir del templo confundida, sin entender el mensaje. Tenemos que explicar la Palabra de una manera que puedan entender. Estaban llenos con la Palabra y ahora con buena comida.

13 Al día siguiente, los jefes de familia, junto con los sacerdotes y los levitas, se reunieron con el maestro Esdras para estudiar los términos de la ley. 14 Y en ésta encontraron escrito que el Señor le había mandado a Moisés que durante la fiesta del mes séptimo los israelitas debían habitar en enramadas 15 y pregonar en todas sus ciudades y en Jerusalén esta orden: «Vayan a la montaña y traigan ramas de olivo, de olivo silvestre, de arrayán, de palmera y de todo árbol frondoso, para hacer enramadas, conforme a lo que está escrito.»

16 De modo que la gente fue y trajo ramas, y con ellas hizo enramadas en las azoteas, en los patios, en el atrio del templo de Dios, en la plaza de la puerta del Agua y en la plaza de la puerta de Efraín. 17 Toda la asamblea de los que habían regresado del cautiverio hicieron enramadas y habitaron en ellas. Como los israelitas no habían hecho esto desde los días de Josué hijo de Nun, hicieron una gran fiesta.

18 Todos los días, desde el primero hasta el último, se leyó el libro de la ley de Dios. Celebraron la fiesta durante siete días, y en el día octavo hubo una asamblea solemne, según lo ordenado.

Cuarta clave para un avivamiento: Los padres (varones) toman su posición de liderazgo en la iglesia y la familia, unidos en un compromiso de obedecer al Señor.

Al día siguiente hubo otro estudio, pero esta vez solo con los jefes de familia (los padres). ¡Qué hermoso! Doy gracias a Dios por las muchas mujeres piadosas, pero muchas veces ellas toman el liderazgo que Dios ha designado para los hombres. Estos hombres querían estudiar todos los detalles y los términos de la ley. Pero no basta con estudiarla; los jefes tomaron la iniciativa de obedecer la Palabra. En este caso, fue la celebración de la fiesta de las enramadas. El propósito era recordarles su experiencia morando en tiendas en el desierto durante el éxodo. ¿Y el centro de su celebración? ¡Escuchar la Palabra de Dios! Es bueno recordarnos lo que Dios nos ha enseñado en el pasado y nuestra historia como iglesia. Celebraciones como la Navidad, la Semana Santa y el aniversario de la iglesia son importantes.

Todos participaron, bajo el liderazgo de los jefes de familia. Qué gran motivación saber que todos los hermanos en la iglesia están unidos para llevar el avivamiento a sus hogares y a la iglesia. Ahí necesitamos a padres que ayuden a toda su familia a obedecer la Palabra, y maestros que trabajen con ellos para enseñarlos y ayudarlos.

12 Dos claves más para un avivamiento

Nehemías 9

Bajo el liderazgo de Nehemías, hubo un avivamiento en Jerusalén. Comenzó con la Palabra, la adoración y el compromiso de los padres para alinear a sus familias con la voluntad de Dios. Todo eso es genial. Sirve de fundamento. Pero para durar, un avivamiento necesita algo más. Cuando el Espíritu de Dios se mueve, vemos la santidad de Dios y nuestro pecado con nueva claridad. Tenemos que humillarnos, confesar nuestro pecado y dejarlo. Necesitamos un arrepentimiento genuino.

¹El día veinticuatro de ese mes los israelitas se reunieron para ayunar, se vistieron de luto y se echaron ceniza sobre la cabeza. ²Habiéndose separado de los extranjeros, confesaron públicamente sus propios pecados y la maldad de sus antepasados, ³y asumieron así su responsabilidad.

Quinta clave para un avivamiento: La confesión y el arrepentimiento

Después de veinticuatro días buscando al Señor, están listos para algo más. ¿Cuáles son los elementos de un arrepentimiento genuino?

Humillarse. ¿Cuándo fue la última vez que ayunaste? Nuestra carne lo resiste. Ya vimos en el capítulo 8 que Dios quería que disfrutaran de la mejor comida. Pero también hay que aprender a negarse a uno mismo y crucificar la carne y sus deseos. El ayuno no obliga a Dios ni gana su favor, sino que le demuestra a Dios tu seriedad y sinceridad. Te da la oportunidad de examinarte y reflexionar. Todo es más claro en un ayuno. También era costumbre de los judíos vestirse de luto y echar ceniza sobre la cabeza como un signo de humillación y duelo. ¿Qué más puedes hacer hoy en día para demostrar un corazón contrito?

Santificarse. No es de moda en la iglesia hablar de santificación, y mucho menos practicarla. Todo es prosperidad y disfrutar las cosas del mundo, pero Dios dice que la amistad con el mundo es enemistad con Dios (Santiago 4:4). Los judíos se separaron de los extranjeros. Hay cosas que tenemos que dejar si vamos a tener un avivamiento. No es para decir que todas esas cosas son pecaminosas. Con moderación, pueden estar bien, pero cuando buscamos a Dios con todo nuestro corazón, vamos a apagar la televisión, la computadora y todas las distracciones del mundo.

Confesión

Confesar tus propios pecados en público. Muchos creen que es mejor confesar solo a Dios; que la confesión es para los católicos, cuando confiesan a un sacerdote. Pero Santiago 5:16 dice: *confíesense unos a otros sus pecados, y oren unos por otros, para que sean sanados.* Una característica de los avivamientos a través de los siglos es la confesión pública del pecado. Cuando alguien confiesa su pecado, motiva a otros a confesarlo también. Hay una libertad en confesar el pecado. En un avivamiento, ya no estamos preocupados por las apariencias, sino que queremos a Dios y su plenitud. Odiamos nuestro pecado y queremos dejarlo. Pero ten cuidado. Cuando confesamos en público, no es necesario dar muchos detalles del pecado, ni nombrar a otras personas. Tenemos que evitar la tendencia a glorificar el pecado.

Confesar los pecados de la iglesia, el país y tus antepasados. Como sacerdote, tú intercedes por la misericordia de Dios, para que Él perdone los pecados del pueblo. Muestra un cambio importante de actitud; ya no estamos juzgándolos por sus pecados, sino que estamos quebrantados de corazón.

Reconocemos que somos parte de esa familia, esa iglesia y ese país; su pecado, en parte, es también nuestro. Nos identificamos con ellos.

Asumir la responsabilidad de nuestro pecado y nuestros fracasos. Desde Adán hasta nosotros, somos expertos en culpar a otros; somos "víctimas". En el verdadero arrepentimiento, aceptamos la responsabilidad por nuestras decisiones y acciones, y sus consecuencias.

³Durante tres horas leyeron el libro de la ley del Señor su Dios, y en las tres horas siguientes le confesaron sus pecados y lo adoraron.

Durante siete días, todos los días, todo el pueblo pasó tres horas leyendo la Biblia, y luego tres horas respondiendo a la Palabra en confesión y adoración. Impresionante, ¿verdad? De esa manera, la Palabra puede realmente tocar sus corazones. ¿Cuántos tienen tanta hambre que dedicarían seis horas al día a buscar al Señor?

⁴ Luego los levitas Jesúa, Baní, Cadmiel, Sebanías, Buní, Serebías, Baní y Quenaní subieron a la plataforma y en alta voz invocaron al Señor su Dios. ⁵ Y los levitas Jesúa, Cadmiel, Baní, Jasabnías, Serebías, Hodías, Sebanías y Petaías clamaron:

¡Levántate y alaba al Señor!

Esta es una de las oraciones más hermosas de la Biblia. Dieciséis hombres participaron en esta invocación y oración, en voz alta. Es una linda historia de los hechos de Dios para el pueblo de Israel. Es bueno leerla para recordarnos esa historia. Muchas oraciones bíblicas cuentan lo que Dios ha hecho, no porque Él no lo sepa, sino porque sirve como un fundamento para nuestras peticiones y nos da una perspectiva más amplia. No voy a incluir toda la oración aquí, pero léela y ora. Comienza con una invitación a toda la congregación para participar en esta alabanza.

⁵«¡Vamos, bendigan al Señor su Dios
desde ahora y para siempre!
¡Bendito seas, Señor!
¡Sea exaltado tu glorioso nombre,
que está por encima de toda bendición y alabanza!

⁶»¡Sólo tú eres el Señor!
Tú has hecho los cielos,
y los cielos de los cielos
con todas sus estrellas.
Tú le das vida a todo lo creado:
la tierra y el mar
con todo lo que hay en ellos.
¡Por eso te adoran los ejércitos del cielo!

Después de humillarse, ya es tiempo de alabar al Señor. Me gusta el concepto que tenían de los ejércitos del cielo, que adoraban a Dios por su creación. Y tú, estando en la naturaleza y viendo las maravillas de Dios, ¿te mueve a adorarle?

¹⁵ »Saciaste su hambre con pan del cielo;
calmaste su sed con agua de la roca.
Les diste posesión de la tierra
que bajo juramento les habías prometido.
¹⁶ Pero ellos y nuestros padres fueron altivos;
no quisieron obedecer tus mandamientos.
¹⁷ Se negaron a escucharte;
no se acordaron de las maravillas
que hiciste por ellos.
Fue tanta su terquedad y rebeldía
que hasta se nombraron un jefe
para que los hiciera volver

a la esclavitud de Egipto.
Pero tú no los abandonaste
porque eres Dios perdonador,
clemente y compasivo,
lento para la ira y grande en amor.

[26] *»Pero fueron desobedientes:*
se rebelaron contra ti,
rechazaron tu ley,
mataron a tus profetas
que los convocaban a volverse a ti;
¡te ofendieron mucho!
[27] *Por eso los entregaste a sus enemigos,*
y éstos los oprimieron.
En tiempo de angustia clamaron a ti,
y desde el cielo los escuchaste;
por tu inmensa compasión les enviaste salvadores
para que los liberaran de sus enemigos.
[28] *Pero en cuanto eran liberados,*
volvían a hacer lo que te ofende;
tú los entregabas a sus enemigos,
y ellos los dominaban.
De nuevo clamaban a ti,
y desde el cielo los escuchabas.
¡Por tu inmensa compasión
muchas veces los libraste!

Dios los bendijo con prosperidad, pero lamentablemente esas cosas no mantienen nuestros corazones cerca del Señor. En lugar de agradecerle y servirle, ellos respondieron con:

- Desobediencia
- Rebelión
- Rechazo de su Palabra

- Matar a sus profetas
- Ofender de muchas maneras al Señor

Dios se ve obligado a responder a esa rebelión, y son entregados a sus enemigos y oprimidos por ellos. Muchos solo claman al Señor en su angustia, y Dios, en su gran misericordia, nos escucha, nos envía salvadores y nos libera. ¿Pero conduce al arrepentimiento genuino? Aquí, como en muchos casos, una vez libres de su dolor, volvieron a hacer lo mismo. Luego, nuevamente, están dominados por sus enemigos, y otra vez claman a Dios, y nuevamente Él los libra. Y así pasa por muchos años. Por desgracia, esa también es la experiencia de muchos cristianos. Si esta es tu experiencia, Dios quiere librarte de ese ciclo vicioso.

[29] Les advertiste que volvieran a tu ley,
pero ellos actuaron con soberbia
y no obedecieron tus mandamientos.
Pecaron contra tus normas,
que dan vida a quien las obedece.
En su rebeldía, te rechazaron;
fueron tercos y no quisieron escuchar.

[30] »Por años les tuviste paciencia;
con tu Espíritu los amonestaste
por medio de tus profetas,
pero ellos no quisieron escuchar.
Por eso los dejaste caer en manos
de los pueblos de esa tierra.
[31] Sin embargo, es tal tu compasión
que no los destruiste ni abandonaste,
porque eres Dios clemente y compasivo.

Cuando caemos en pecado, Dios nos envía profetas y pastores para advertirnos y amonestarnos a través de su Espíritu. Él tiene mucha paciencia, por lo que podemos pasar muchos años en nuestra rebelión y creer que hemos escapado al juicio de Dios. Si nos arrepentimos, Dios es misericordioso. Pero Israel no se había arrepentido. En lugar de tener corazones tiernos en respuesta al amor y la misericordia de Dios, como muchos de nosotros, ellos respondieron con:

- Soberbia
- Desobediencia, pecando contra sus normas
- Rechazando a Dios, no escuchándolo
- Terquedad

Otra vez caen en manos de sus enemigos, pero aun en ese juicio, Dios sigue siendo compasivo y clemente. No te abandona ni te destruye; todavía quiere restaurarte.

³² »Y ahora, Dios nuestro,
Dios grande, temible y poderoso,
que cumples el pacto y eres fiel,
no tengas en poco los sufrimientos
que han padecido nuestros reyes,
gobernantes, sacerdotes y profetas,
nuestros padres y todo tu pueblo,
desde los reyes de Asiria hasta hoy.
³³ Tú has sido justo en todo
lo que nos ha sucedido,
porque actúas con fidelidad.
Nosotros, en cambio, actuamos con maldad.
³⁴ Nuestros reyes y gobernantes,
nuestros sacerdotes y antepasados
desobedecieron tu ley
y no acataron tus mandamientos
ni las advertencias con que los amonestabas.
³⁵ Pero ellos, durante su reinado,

no quisieron servirte
ni abandonar sus malas obras,
a pesar de que les diste muchos bienes
y les regalaste una tierra extensa y fértil.

Ahora llegan a su situación actual. Son destruidos por el pecado de sus antepasados y por su propio pecado. Y, a pesar de estos días de avivamiento, todavía están sufriendo.

[36]*»Por eso ahora somos esclavos,*
esclavos en la tierra
que les diste a nuestros padres
para que gozaran de sus frutos y sus bienes.
[37]*Sus abundantes cosechas son ahora de los reyes*
que nos has impuesto por nuestro pecado.
Como tienen el poder, hacen lo que quieren
con nosotros y con nuestro ganado.
¡Grande es nuestra aflicción!

Sí, están de vuelta en su tierra, pero esa tierra está en ruinas y ellos todavía son esclavos. Otros disfrutan de los frutos de la tierra y de sus labores. Perdieron casi todo. Todavía están experimentando las consecuencias de su pecado y del pecado de sus antepasados. No hay una salida instantánea o fácil. ¿Has experimentado eso? ¿Confinado en una prisión? ¿O con muchas obligaciones financieras? ¿O en un matrimonio problemático? Se necesita fe para seguir creyendo, buscando a Dios y confiando en Él. Después de siete días de confesar su pecado, ¿cuál es el siguiente paso? ¿La siguiente clave para un avivamiento?

[38]*»Por todo esto, nosotros hacemos este pacto y lo ponemos por escrito, firmado por nuestros gobernantes, levitas y sacerdotes.»*

Sexta clave para un avivamiento: guiar a la gente para hacer un pacto, un compromiso firme de servir a Dios y ayudarlos a ser fieles a ese pacto.

Hacen un pacto y lo firman. Juntos, se comprometen a cambiar, a seguir a Dios. Si hay esperanza de progreso en su fe, el liderazgo tiene que ser fiel a la Palabra de Dios y ministrar al pueblo bajo su cuidado. Necesitan ese compromiso y el apoyo de toda la comunidad. Es similar a los votos en una boda, en lo bueno y en lo malo. En una boda, sus familiares, las amistades y la comunidad de fe están presentes como testigos y para apoyarlos en su matrimonio.

Han hecho mucho progreso. Estos fueron días maravillosos de oración, adoración y entrega a Dios. Pero hay dos claves más para experimentar un avivamiento genuino y duradero.

13 Dos últimas claves para un avivamiento

Nehemías 10

Nehemías volvió a su país con la tarea de reedificar los muros de Jerusalén. Era importante para la seguridad y estabilidad espiritual del pueblo judío. Pero Dios quería algo más profundo para ellos. Terminamos el último capítulo con un acuerdo entre los líderes, un pacto para obedecer al Señor. Ahora extienden ese pacto a todo el pueblo. Cuando los líderes se comprometen a obedecer al Señor, el pueblo los sigue.

28El resto del pueblo —sacerdotes, levitas, porteros, cantores, servidores del templo, todos los que se habían separado de los pueblos de aquella tierra para cumplir con la ley de Dios, más sus mujeres, hijos e hijas, y todos los que tenían uso de razón— 29 se unió a sus parientes que ocupaban cargos importantes y se comprometió, bajo juramento, a vivir de acuerdo con la ley que Dios les había dado por medio de su servidor Moisés, y a obedecer todos los mandamientos, normas y estatutos de nuestro Señor.

Séptima clave: Como cuerpo de creyentes, haga un compromiso público para obedecer al Señor y vivir de acuerdo con su Palabra.

Nehemías fue el primero en poner su sello en el pacto. Los otros líderes le siguieron. Pero si el pueblo no hace el mismo compromiso de todo corazón, no habrá avivamiento.

¿Cómo puedes guiar a toda tu familia o a toda tu iglesia hacia tal pacto? Creo que vimos el fundamento en el capítulo 8, cuando los jefes de familia acordaron estudiar la Palabra y trabajar juntos, con apoyo mutuo, para que todas sus familias anduviesen conforme a la Palabra del Señor. En la mayoría de los avivamientos, los hijos no mantienen el mismo fervor que sus padres. Por supuesto, no es posible garantizar que ellos permanecerán en la fe, pero creo que los padres tienen que ejercer su autoridad en el hogar para decir: "Este es un hogar cristiano y aquí vamos a vivir de acuerdo con la Palabra de Dios," y luego dar un buen ejemplo de un sirviente que pone su vida por su familia. ¿Podría ser que Dios esté llamándote a hacer eso? ¿Hay hermanos que se unirán a ti para hacerlo?

En el pasado, muchas iglesias hacían convenios para seguir a Cristo como parte de su membresía, bautismo o confirmación. Hoy en día, casi nadie quiere hacer tales compromisos, incluido el pacto de matrimonio. Y no guardan sus pactos, sino que buscan una salida fácil del matrimonio con un divorcio. Corren de una congregación a otra, buscando algo mejor, en lugar de permanecer comprometidos con un cuerpo de Cristo.

Aquí los judíos van más allá de la emoción del momento, con un paso de obediencia. Para mantener un avivamiento, tenemos que pasar de la emoción (pero no dejarla) a una decisión de la voluntad de seguir a Cristo y obedecer su Palabra, venga lo que venga. Es obligación de los jefes de familia y de los líderes de la iglesia hacer todo lo posible para ayudarlos a ser fieles a ese pacto.

[30] Además, todos nos comprometimos a no casar a nuestras hijas con los habitantes del país ni aceptar a sus hijas como esposas para nuestros hijos.

Es increíble la cantidad de cristianos que supuestamente no saben que la Biblia enseña que un creyente no puede casarse con un incrédulo (un yugo desigual). Tales matrimonios han destruido la fe de muchos y sus familias. Si eres soltero o soltera, comprométete con el Señor ahora que tu novia(o) o esposa(o) tiene que ser un discípulo fiel de Jesucristo.

31 También prometimos que si la gente del país venía en sábado, o en cualquier otro día de fiesta, a vender sus mercancías o alguna otra clase de víveres, nosotros no les compraríamos nada. Prometimos así mismo que en el séptimo año no cultivaríamos la tierra, y que perdonaríamos toda deuda.

¿Cuál es más importante? ¿El dinero o el Señor? Aquí están proclamando que su obediencia a la enseñanza bíblica tiene prioridad. Lamentablemente, muchos hombres de negocio cristianos no incorporan su fe en sus negocios y caen en problemas éticos. Un verdadero avivamiento tiene que tocar el mundo de los negocios también.

32 Además, nos impusimos la obligación de contribuir cada año con cuatro gramos de plata para los gastos del templo de nuestro Dios: 33 el pan de la Presencia; las ofrendas y el holocausto diarios; los sacrificios de los sábados, de la luna nueva y de las fiestas solemnes; las ofrendas sagradas; los sacrificios de expiación por el pecado de Israel, y todo el servicio del templo de nuestro Dios.

34 En cuanto a la ofrenda de la leña, echamos suertes entre nosotros los sacerdotes, los levitas y el pueblo en general, según nuestras familias, para determinar a quiénes les tocaría llevar, en los tiempos fijados cada año, la leña para el templo del Señor nuestro Dios, para que ardiera en su altar, como está escrito en la ley. 35 Además nos comprometimos a llevar cada año al templo del Señor las primicias del campo y de todo árbol frutal, 36 como también a presentar nuestros primogénitos y las primeras crías de nuestro ganado, tanto vacuno como ovino, ante los sacerdotes que sirven en el templo de nuestro Dios, como está escrito en la ley.

[37] *Convinimos en llevar a los almacenes del templo de nuestro Dios las primicias de nuestra molienda, de nuestras ofrendas, del fruto de nuestros árboles, de nuestro vino nuevo y de nuestro aceite, para los sacerdotes que ministran en el templo de nuestro Dios. Convinimos también en dar la décima parte de nuestras cosechas a los levitas, pues son ellos quienes recolectan todo esto en los pueblos donde trabajamos.* [38] *Un sacerdote de la familia de Aarón acompañará a los levitas cuando éstos vayan a recolectar los diezmos. Los levitas, por su parte, depositarán el diezmo de los diezmos en la tesorería del templo de nuestro Dios.* [39] *Los israelitas y los levitas llevarán las ofrendas de trigo, de vino y de aceite a los almacenes donde se guardan los utensilios sagrados y donde permanecen los sacerdotes, los porteros y los cantores, cuando están de servicio.*

Octava clave: enseñar y modelar una transformación en nuestro estilo de vida y negocios, canalizando el dinero a la obra mundial del Evangelio.

Un avivamiento también debería impactar nuestras finanzas personales. Hay muchos cristianos que sufren una pesada carga de deudas. Mantienen un estilo de vida muy alto, y lamentablemente algunas iglesias promueven esto. Son pocos los que diezman. La verdad es que el diezmo era un requisito de la ley; Cristo nos enseña que todo lo que tenemos pertenece a Dios. Él nos promete lo que necesitamos para vivir. Dios quiere liberarnos de las deudas y la herejía de la prosperidad egocéntrica. Y sí, quiere prosperarnos, pero para ayudar a otros. Hay hermanos que están haciendo maravillas por el Señor, pero muchos ni siquiera tienen bicicletas o caballos para viajar y ministrar a las iglesias que han plantado. ¡Y nosotros estamos reclamando un auto deportivo nuevo!

[39]De este modo nos comprometimos a no descuidar el templo de nuestro Dios.

Uno de los pecados de Israel en ese momento (Hageo 1) fue descuidar el templo de Dios, mientras edificaban casas grandes. Yo creo que descuidar el templo incluye no solo el edificio, sino toda la obra de la iglesia. Descuidamos su templo cuando tenemos un templo grande y hermoso, y nuestros hermanos en un barrio pobre de la ciudad o en otro país ni siquiera tienen un templo. Es importante tener templos limpios y adecuados, pero no ostentosos. Sin embargo, es aún más importante asegurar que toda la casa de Dios, la iglesia en todo el mundo, tenga lo necesario para avanzar su reino.

14 ¡Reflexionen sobre su proceder!

De este modo nos comprometimos a no descuidar el templo de nuestro Dios (Nehemías 10:36).

Vamos a hacer una pausa aquí, casi al final de este libro de Nehemías, por unos momentos de auto-reflexión. Sólo varios años después de Nehemías, el profeta Hageo escribió:

> *«¿Acaso es el momento apropiado para que ustedes residan en casas techadas mientras que esta casa está en ruinas?»* (Hageo 1:4)

En ese entonces, dedicarse a la obra del Señor se manifestó en trabajar en el templo, en un edificio, pero ahora Dios no habita en templos hechos por manos, sino en nosotros. Tú eres el templo del Espíritu Santo. La obra del Señor incluye trabajar en el edificio que tu iglesia ocupa, pero va mucho más allá de los edificios e incluye atender a la gente necesitada (ver Mateo 25:35-36). La cuestión es: ¿Qué ocupa la mayoría de tu tiempo, energía, pensamientos y dinero? ¿Estás ocupado en muchos placeres del mundo? ¿Tienes la última tecnología? ¿Vives en una casa muy cómoda? Dios no dice que es necesariamente un pecado hacer esas cosas, pero la prioridad debe ser el Señor y su obra.

Antes de defenderte mucho y dar muchas excusas, Dios te llama a examinarte:

5 Así dice ahora el Señor Todopoderoso:

«¡Reflexionen sobre su proceder! (RVR: Meditad bien sobre vuestros caminos.) (Hageo 1:5)

¿Cuándo fue la última vez que realmente reflexionaste sobre tu proceder? ¿Meditas sobre tus caminos? ¿O estás tan ocupado que nunca tomas ese tiempo tan importante? Dios está llamándote a una vida examinada. No es egoísta meditar en tus caminos. Es muy fácil engañarnos a nosotros mismos para creer que todo está bien, cuando en realidad podemos estar muy lejos del Señor.

Te recomiendo que mantengas un diario. Cada noche o mañana, tómate un tiempo en la presencia del Señor y escribe sobre tres cosas:

1. ¿Para qué estoy agradecido?
2. ¿Cómo he pecado este día?
3. ¿Cuáles son mis triunfos y fracasos este día? ¿Qué aprendí? ¿Qué he visto en mí? ¿Qué me estresó? ¿Cómo respondí?

Luego habla con el Señor sobre lo que escribiste.

No es fácil para nosotros reflexionar honestamente sobre nuestras vidas. Es fácil negar que puedan ser problemas en el matrimonio, con los hijos o en el trabajo. Parece más fácil para la mujer darse cuenta de esos problemas. Muchas veces la mujer habla a nosotros, los hombres, de sus preocupaciones y, sinceramente, no queremos que nos molesten. Incluso decimos cosas como: "Confía en el Señor. Piensas demasiado. Estás loca. Todo está bien." Escucha a tu esposa, a tu mamá y papá, a tus amigos e incluso a tus hijos. Muchas veces, Dios te habla a través de ellos.

Aquí Dios nos ayuda con este autoexamen:

> »Ustedes siembran mucho, pero cosechan poco;
> comen, pero no quedan satisfechos;
> beben, pero no llegan a saciarse;

se visten, pero no logran abrigarse;
y al jornalero se le va su salario
como por saco roto.» (Hageo 1:6)

Esta porción habla de una vida vacía e insatisfecha. Has trabajado duro y has hecho todo lo que el mundo dice que es necesario. Has aceptado el engaño que algunas iglesias llaman "prosperidad". Tu casa está llena de muchas cosas y estás gordo de toda la comida deliciosa que comes. Parece que ganas un buen sueldo, pero nunca tienes dinero. Te sientes insatisfecho y vacío. Nada te satisface. Eres salvo. Sabes que Cristo te quiere fructífero y te ofrece agua viva para saciar tu sed. Pero si eres honesto, tienes que confesar que hay algo mal. Dios quiere que estés saciado y satisfecho. Él quiere una buena cosecha para ti y, sí, quiere prosperarte. ¿Por qué no está sucediendo?

Así dice el Señor Todopoderoso: «¡Reflexionen
sobre su proceder!

»Vayan ustedes a los montes;
traigan madera y reconstruyan mi casa.
Yo veré su reconstrucción con gusto,
y manifestaré mi gloria
—dice el Señor— (Hageo 1:7-8).

Una vez más, el Señor nos llama a reflexionar. La verdad es que Él no está feliz: estamos descuidando su casa. ¿Quieres ver su gloria? Podemos creer que su gloria cae con ciertas alabanzas, pero vemos su gloria cuando caminamos en obediencia a su voluntad, dándole prioridad. Dios quiere manifestar su gloria. ¿Cuándo fue la última vez que la viste?

»Ustedes esperan mucho,
pero cosechan poco;
lo que almacenan en su casa,

yo lo disipo de un soplo.
¿Por qué? ¡Porque mi casa está en ruinas,
mientras ustedes sólo se ocupan de la suya!
—afirma el Señor Todopoderoso— (Hageo 1:9).

Cuando Dios no ocupa el primer lugar en tu vida, Él va a frustrar todo lo que haces. Dios es un dios celoso. Exige el primer lugar en tu vida.

»Por eso, por culpa de ustedes, los cielos retuvieron el rocío y la tierra se negó a dar sus productos. Yo hice venir una sequía sobre los campos y las montañas, sobre el trigo y el vino nuevo, sobre el aceite fresco y el fruto de la tierra, sobre los animales y los hombres, y sobre toda la obra de sus manos» (Hageo 1:10-11).

Muchas partes del mundo están sufriendo una sequía. ¿Podría ser el juicio del Señor? ¿Hay una sequía en tu vida? ¿En tu iglesia? ¿Es posible que Dios tenga un mensaje para ti? Vemos claramente que Él controla toda la naturaleza. Podemos hacer todo lo posible para prosperar, pero si Dios no ocupa el primer lugar, estamos luchando contra Él.

Zorobabel hijo de Salatiel, el sumo sacerdote Josué hijo de Josadac, y todo el resto del pueblo, obedecieron al Señor su Dios, es decir, obedecieron las palabras del profeta Hageo, a quien el Señor su Dios había enviado. Y el pueblo sintió temor en la presencia del Señor. Entonces Hageo su mensajero comunicó al pueblo el mensaje del Señor: «Yo estoy con ustedes. Yo, el Señor, lo afirmo.» Y el Señor inquietó de tal manera a Zorobabel hijo de Salatiel, gobernador de Judá, y al sumo sacerdote Josué hijo de

Josadac, y a todo el resto del pueblo, que vinieron y empezaron a trabajar en la casa de su Dios, el Señor Todopoderoso. Era el día veinticuatro del mes sexto del segundo año del rey Darío (Hageo 1:12-15).

Por desgracia, es posible reconocer que estamos descuidando la casa de Dios y confesar nuestras faltas, y todavía no cambiamos. Ve cómo respondieron aquí:

- Reconocieron la autoridad del varón de Dios, el profeta Hageo. A veces, si la palabra que el Señor nos da a través de un pastor no nos gusta, simplemente vamos a otra iglesia, cambiamos el canal en la televisión o en el sitio web, o cuestionamos si realmente proviene de Dios. Es peligroso no estar bajo la autoridad de un pastor. Para prosperar espiritualmente, tenemos que estar en una buena iglesia para escuchar la Palabra de Dios.

- Obedecieron la Palabra. Cuando el Señor nos habla en la Biblia, en la palabra profética o predicada, no hay otra opción. Si no obedecemos, estamos en pecado y en rebelión. Casi nunca es fácil obedecer, pero la bendición de Dios acompaña a la obediencia.

- Se quedaron en la verdadera presencia de Dios. Muchas veces tratamos de fabricar la presencia de Dios con música de adoración y cosas que han traído su presencia en el pasado. Cuando Dios está trabajando en tu vida, busca su presencia. Rara vez la encuentras mirando televisión, en la computadora, en el cine o en los restaurantes. Por desgracia, muchas veces tampoco la encontramos en la iglesia. Puede ser a solas con el Señor, con algunos hermanos en ayuno y oración, o en la naturaleza. En su presencia, al ver su grandeza, uno siente reverencia y temor. En su presencia podemos escuchar su voz. Muchas veces no escuchamos la voz de Dios porque tenemos prisa, hacemos mucho ruido y no la esperamos.

- Cuando Dios sabe que le buscamos con todo nuestro corazón, Él responde, a pesar de nuestros fracasos. Aquí Él simplemente dijo: Yo estoy contigo. ¿Qué más quieres? Por mi parte, puedo estar en pruebas y situaciones casi imposibles, pero si tengo la confianza de que Dios está conmigo, yo sé que todo va a estar bien. Si Dios es por ti, ¿quién contra ti? Perder su presencia, alejarse de ella o ser abandonado por Dios es lo peor que yo puedo imaginar.

- Ahora Dios se levanta y trabaja. Él inquieta el espíritu de los líderes y del pueblo para volver a construir el templo. Es el Espíritu Santo quien convence del pecado. Algunos pastores exhortan y reprenden a sus iglesias porque no están trabajando en la obra del Señor. Usan la culpa y la presión para obligar a la gente a trabajar. Pero eso no funciona. Tenemos que pasar por este proceso, y luego el Señor hará la obra. ¿Hay una inquietud en tu corazón? ¿Es posible que el Señor esté inquietándote para hacer algo? Cuando estamos en la voluntad de Dios y caminamos en obediencia a su Palabra, Él hará milagros para cumplir sus propósitos.

Yo creo que Dios quiere usar Hageo 1 para llamarte a reflexionar sobre tu proceder. Hay cosas que Él quiere hacer en ti y a través de ti. Está preparando la novia de su Hijo. Está edificando una casa. Y tú tienes parte en esa obra. Si tus prioridades son desordenadas, ya es hora de arreglarlas. Puede ser que te hayas sentido tan frustrado e insatisfecho que estás a punto de tirar la toalla en esta vida cristiana. ¡No lo hagas! ¡Dios tiene cosas muy lindas para ti! Él quiere llenar tu vida con su presencia, pero tiene que ser a su manera.

15 Descuidar el templo

Nehemías 12 y 13

Descuidar el templo de Dios. Parece ser una falla muy común. Hageo profetizó que los judíos estaban sufriendo porque tenían sus prioridades desordenadas y estaban descuidando el templo. En Nehemías 10 y 11 los líderes (y luego todo el pueblo) se comprometieron a no descuidar el templo, a no casarse con extranjeros, y a seguir toda la ley de Dios. Después de la destrucción total de su país y tantos años en la esclavitud, estaban motivados a caminar rectamente.

Al principio parece que aprendieron muy bien la lección, pero no fue así. Tenemos memorias muy cortas. Porque en Nehemías 13:11 nuevamente estaban descuidando el templo. Es fácil para nosotros descuidar las cosas de Dios, especialmente cuando todo nos va bien. ¿Cómo podría suceder, sobre todo bajo el liderazgo capaz de Nehemías?

La dedicación de las murallas

En el capítulo 12 de Nehemías, dedicaron la muralla de Jerusalén. Fue un gran día de regocijo:

27 Cuando llegó el momento de dedicar la muralla, buscaron a los levitas en todos los lugares donde vivían, y los llevaron a Jerusalén para celebrar la dedicación con cánticos de acción de gracias, al son de címbalos, arpas y liras.

30 Después de purificarse a sí mismos, los sacerdotes y los levitas purificaron también a la gente, las puertas y la muralla.

31 Luego hice que los jefes de Judá subieran a la muralla, y organicé dos grandes coros. Uno de ellos marchaba sobre la muralla hacia la derecha.

Un coro, junto con la mitad del pueblo, fue con Nehemías. El otro, con Esdras, marchó sobre la muralla hacia la izquierda. Llegaron al templo para una gran celebración:

43 Ese día se ofrecieron muchos sacrificios y hubo fiesta, porque Dios los llenó de alegría. Hasta las mujeres y los niños participaron. Era tal el regocijo de Jerusalén que se oía desde lejos.

¡Qué gloriosa conclusión a los meses de duro trabajo! Pero también hubo una sorpresa ese día. Después de las alabanzas, otra vez abren la Palabra, y Dios tuvo una palabra fresca para ellos, algo que no habían visto antes (13:1):

1 Aquel día se leyó ante el pueblo el libro de Moisés, y allí se encontró escrito que los amonitas y moabitas no debían jamás formar parte del pueblo de Dios, 2 porque no sólo no les habían dado de comer ni de beber a los israelitas sino que habían contratado a Balán para que los maldijera, aunque en realidad nuestro Dios cambió la maldición por bendición.

¡Cuán misericordioso es nuestro Dios, que cambia la maldición por bendición! ¡Que Él cambie cualquier maldición contra ti y tu familia por bendición! Pero ahora hubo un gran problema. Estaban celebrando y descubrieron que algunos de ellos no tenían parte ni suerte en el pueblo. De hecho, Dios se ofendió por su presencia. Puede parecer muy fuerte, pero Dios tiene el derecho de decidir quién entrará en su reino o no. Hoy hay mucha   presión   para   aceptar   y   tolerar   a   todos, independientemente de su estilo de vida o pecado, pero si lees la Biblia, sabrás que no solo los amonitas y moabitas están excluidos. Por ejemplo, 1 Corintios 6:9-10 dice:

> ¿No saben que los malvados no heredarán el reino de Dios? ¡No se dejen engañar! Ni los fornicarios, ni los idólatras, ni los adúlteros, ni los sodomitas, ni los pervertidos sexuales, ni los ladrones, ni los avaros, ni los borrachos, ni los calumniadores, ni los estafadores heredarán el reino de Dios.

O Apocalipsis 22:15:

> Pero afuera se quedarán los perros, los que practican las artes mágicas, los que cometen inmoralidades sexuales, los asesinos, los idólatras y todos los que aman y practican la mentira.

Cuando nos enfrentamos al pecado, la única opción es arrepentirse y hacer lo que sea necesario para arreglar la situación. Hace unos 25 años, hubo un problema parecido (Esdras 10:3), y expulsaron del país a las mujeres extranjeras y a sus hijos. Sí, puede ser muy doloroso y costoso arrepentirse. Pero es aún más costoso, eternamente, seguir en pecado.

Un pueblo santo

3 Al escuchar lo que la ley decía, apartaron de Israel a todos los que se habían mezclado con extranjeros.

La reconstrucción de los muros de Jerusalén podría verse fácilmente como un logro de por vida. Junto con la emoción del tremendo culto y escuchando la voz de Dios, Nehemías pudo haberse sentido muy satisfecho. Pero él sabía que eso no era suficiente.

Arrancar un programa de construcción impresionante y ser conocido como un gran predicador en una iglesia con adoración poderosa puede significar el éxito para muchos pastores. Pero si ese cuerpo de creyentes no toma en serio la santidad y no pone en práctica la Palabra, esa casa se construirá sobre la arena, y no durará (Mateo 7:24-27).

Nehemías probablemente nació en Babilonia y nunca había visto las glorias del templo de Salomón ni vivía en una Jerusalén próspera. Ahora lo vio destruido porque la gente cayó en una religiosidad vacía y no obedeció la Palabra de Dios. No descansaría hasta que él hubiera hecho todo lo posible para garantizar que su pueblo estuviese caminando con el Señor. Ese es el corazón de un verdadero siervo de Jesús, mucho más que edificios o buena música.

¿Cuándo vamos a despertar y purificar el cuerpo de Cristo del pecado? ¿Cuándo vamos a escuchar lo que dice la Biblia y obedecerla, para evitar un juicio venidero?

Este no fue el único problema, tampoco:

[4] Antes de esto, el sacerdote Eliasib, encargado de los almacenes del templo de nuestro Dios, había emparentado con Tobías [5] y le había acondicionado una habitación grande. Allí se almacenaban las ofrendas, el incienso, los utensilios, los diezmos del trigo, vino y aceite correspondientes a los levitas, cantores y porteros, y las contribuciones para los sacerdotes.

¿Te acuerdas de Tobías? Era el archienemigo de Nehemías (y del pueblo de Dios). Era un amonita. No participó en la adoración a Dios y no tenía en mente el bienestar de los judíos. Realmente, era un hombre muy malvado. Pero el sumo sacerdote había emparentado con Tobías y le había proporcionado un cuarto grande en el templo, donde previamente guardaban las cosas sagradas para el servicio de Dios.

¿Sabes que hay lobos vestidos como ovejas en la iglesia? ¿Sabes que hay enemigos del evangelio que quieren entrar entre los ancianos, el equipo de adoración y los líderes de la iglesia como instrumentos del diablo? Necesitamos mucho discernimiento. Muchas veces, cuestiones de familia, conveniencia y ganancia influyen en decisiones sobre personas que no conocen a Jesucristo.

Nehemías se toma vacaciones

Está claro que Nehemías no lo habría permitido, pero él tuvo que volver a Babilonia, y en ese breve tiempo el pueblo se apartó. Nuestra tendencia como hombres es olvidar muy rápidamente la Palabra de Dios. Pienso en lo que sucedió con Aarón y el becerro de oro cuando Moisés subió al monte (Éxodo 32). Ten cuidado si tienes que dejar tu iglesia por un tiempo. El lobo espera el momento en que el pastor se va para atacar a las ovejas.

⁶ Para ese entonces yo no estaba en Jerusalén, porque en el año treinta y dos de Artajerjes, rey de Babilonia, había ido a ver al rey. Después de algún tiempo, con permiso del rey ⁷ regresé a Jerusalén y me enteré de la infracción cometida por Eliasib al proporcionarle a Tobías una habitación en los atrios del templo de Dios. ⁸Esto me disgustó tanto que hice sacar de la habitación todos los cachivaches de Tobías. ⁹ Luego ordené que purificaran las habitaciones y volvieran a colocar allí los utensilios sagrados del templo de Dios, las ofrendas y el incienso.

Siempre es más fácil poner a alguien en el liderazgo que sacarlo. Es más fácil dar un cuarto en el templo para complacer a alguien que sacarlo de ese cuarto. Es más fácil casarse con una mujer que divorciarse de ella porque no ama al Señor (en ese caso, no puedes divorciarte – tienes que vivir con las consecuencias de tu decisión). Cuando algo impío ha entrado en la iglesia, tenemos que echarlo fuera, purificar la iglesia y colocar lo que agrada a Dios en su lugar.

[10] También me enteré de que a los levitas no les habían entregado sus porciones, y de que los levitas y cantores encargados del servicio habían regresado a sus campos. [11] Así que reprendí a los jefes y les dije: «¿Por qué está tan descuidado el templo de Dios?» Luego los reuní y los restablecí en sus puestos.

El pueblo no estaba satisfaciendo las necesidades de los sacerdotes o músicos, quienes se desanimaron, dejaron sus puestos y volvieron a sus campos. Con razón, Dios ha establecido autoridad y liderazgo en la iglesia. En ausencia de Nehemías, todo fracasó. La tendencia humana es abandonar la obra de Dios y volver a los campos. Necesitamos a alguien como Nehemías para motivarnos y promover nuestra obediencia a la Palabra. Es agotador tratar de mantener todo ordenado, pero tú puedes ser un Nehemías. ¡No te rindas! ¡Tu tarea no es fácil! ¿Sientes que no estás recibiendo un apoyo adecuado? ¿Quieres volver a tus campos? ¡Recuerda que estás sirviendo a Dios! ¡Fue Él quien te llamó!

[12] Todo Judá trajo a los almacenes la décima parte del trigo, del vino y del aceite. [13] Puse a cargo de los almacenes al sacerdote Selemías, al escriba Sadoc y al levita Pedaías; como ayudante de ellos nombré a Janán, hijo de Zacur y nieto de Matanías. Todos ellos eran dignos de confianza, y se encargarían de distribuir las porciones entre sus compañeros.

Tal vez Nehemías no tuvo la oportunidad antes, pero ahora nombró a otros hombres dignos de confianza que se encargaban de cuidar el templo de Dios. Busca a hombres dignos de confianza para ayudarte. No siempre vas a estar presente en la iglesia. Una medida de tu éxito como líder es la habilidad de la iglesia para sostenerse cuando tú no estás presente.

[14] *«¡Recuerda esto, Dios mío, y favoréceme; no olvides todo el bien que hice por el templo de mi Dios y de su culto!»*

Una y otra vez en este libro vemos la relación íntima que Nehemías tenía con su Dios. Era un hombre de oración, no solo cuando estaba arrodillado, sino durante todo el día. Era natural para él. ¡Que Dios recuerde todo lo bueno que tú has hecho por la obra de Dios, y te favorezca!

Quebrantar el sábado

[15] *Durante aquellos días vi en Judá que en sábado algunos exprimían uvas y otros acarreaban, a lomo de mula, manojos de trigo, vino, uvas, higos y toda clase de cargas que llevaban a Jerusalén. Los reprendí entonces por vender sus víveres en ese día.* [16] *También los tirios que vivían en Jerusalén traían a la ciudad pescado y otras mercancías, y las vendían a los judíos en sábado.* [17] *Así que censuré la actitud de los nobles de Judá, y les dije: «¡Ustedes están pecando al profanar el día sábado!* [18] *Lo mismo hicieron sus antepasados, y por eso nuestro Dios envió toda esta desgracia sobre nosotros y sobre esta ciudad. ¿Acaso quieren que aumente la ira de Dios sobre Israel por profanar el sábado?»*

[19] *Entonces ordené que cerraran las puertas de Jerusalén al caer la tarde, antes de que comenzara el sábado, y que no las abrieran hasta después de ese día. Así mismo, puse a algunos de mis servidores en las puertas para que no dejaran entrar ninguna carga el sábado.* [20] *Una o dos veces, los comerciantes y los vendedores de toda clase de mercancías pasaron la noche fuera de Jerusalén.* [21] *Así que les advertí: «¡No se queden junto a la muralla! Si vuelven a hacerlo, ¡los apresaré!» Desde entonces no*

volvieron a aparecerse más en sábado. ²² Luego ordené a los levitas que se purificaran y que fueran a hacer guardia en las puertas, para que el sábado fuera respetado.

Habían prometido guardar el sábado (10:31), pero rápidamente quebrantaron esa promesa. En ese día, como hoy, había mucha presión de los comerciantes. Ten cuidado con la gente que quiere vender cosas en la iglesia y con los hombres de negocios que quieren organizar la iglesia como un negocio. La iglesia no es un negocio, y tenemos que mantener el templo santo para Dios, como una casa de oración. Algunos dirían que Nehemías ejercía demasiado control, o que era como un policía. Pero él sabía lo que es temer a Dios. Puede ser que los jóvenes hayan olvidado la angustia del exilio, pero Nehemías sabía que no se puede jugar con Dios. ¡Hay que estar celoso de la santidad y de la adoración de Dios!

«¡Recuerda esto, Dios mío, y conforme a tu gran amor, ten compasión de mí!»

¿Por qué pedirle a Dios que tenga misericordia de él? ¡Porque es difícil hacer lo que él está haciendo! No es fácil enfrentar a toda esta gente que quiere violar la santidad del pueblo de Dios. Siempre tiene que recordar por qué lo hizo y coger fuerzas en el gran amor de Dios. ¡Ser fiel a Cristo y guiar a su pueblo es un trabajo difícil!

Matrimonios mixtos

²³ En aquellos días también me di cuenta de que algunos judíos se habían casado con mujeres de Asdod, de Amón y de Moab. ²⁴ La mitad de sus hijos hablaban la lengua de Asdod o de otros pueblos, y no sabían hablar la lengua de los judíos. ²⁵Entonces los reprendí y los maldije; a algunos de ellos los golpeé, y hasta les arranqué los pelos, y los obligué a jurar por Dios. Les dije: «No permitan que sus hijas se casen con los hijos de ellos, ni se casen ustedes ni sus hijos con las hijas de ellos. ²⁶¿Acaso no fue ése el pecado de Salomón, rey de Israel? Entre todas las naciones no hubo un solo rey como él: Dios lo amó y lo hizo rey sobre todo Israel. Pero aun a él lo hicieron pecar las mujeres extranjeras. ²⁷¿Será que también de ustedes se dirá que cometieron el gran pecado de ofender a nuestro Dios casándose con mujeres extranjeras?»

También habían prometido no casarse con extranjeros (10:30). Todavía ofendemos a Dios cuando entramos en ese santo pacto de matrimonio con alguien que no conoce a Jesús. Son de reinos distintos. ¡Ese matrimonio no puede agradar a Dios! Hace unos veinticinco años, Esdras, angustiado, se había arrancado su propio pelo debido a esta situación (Esdras 9:3). Pero Nehemías era más fuerte; golpeó a algunos de los hombres y ¡les arrancó el pelo!

¡No vuelvas a tu pecado! Es fácil hacer compromisos con Dios, especialmente en medio de la tribulación o bajo la presión de otros en la iglesia. Pero Dios te juzgará con mayor severidad si vuelves a ese pecado y te abres a más opresión de los demonios.

²⁸A uno de los hijos de Joyadá, hijo del sumo sacerdote Eliasib, lo eché de mi lado porque era yerno de Sambalat el horonita.

Sambalat era otro enemigo de Nehemías y de los judíos, pero había arreglado el matrimonio de su hija con el hijo del sumo sacerdote. Nehemías no pudo tolerar esto y, aunque pudiera ser peligroso e impopular, expulsó a este joven de su presencia. Tenía que dar ejemplo a todo el pueblo.

²⁹«¡Recuerda esto, Dios mío, en perjuicio de los que profanaron el sacerdocio y el pacto de los sacerdotes y de los levitas!»

[30] *Yo los purifiqué de todo lo extranjero y asigné a los sacerdotes y levitas sus respectivas tareas.* [31] *También organicé la ofrenda de la leña en las fechas establecidas, y la entrega de las primicias.*

Nehemías sabía muy bien la importancia de hacer todo conforme a la Palabra de Dios. Es algo muy serio ser un líder en la iglesia de Jesucristo. Con mucha oración y mucho cuidado, debemos asignar a los líderes sus respectivas tareas y organizar la obra de Dios. Descuidamos la obra de Dios si la dejamos desorganizada y sin un liderazgo capacitado.

«¡Acuérdate de mí, Dios mío, y favoréceme!»

En todo lo que hizo, Nehemías nunca buscaba el reconocimiento en este mundo. Él no construyó ningún gran monumento en su honor. El muro nunca fue llamado "El Muro de Nehemías". Lo recordamos por su libro y por ser un gran ejemplo de liderazgo piadoso. Pero lo más importante para Nehemías era ser recordado por Dios. El Señor promete una gran recompensa a quienes le sirven fielmente. Que tú sigas su ejemplo de un servicio celoso y eficaz a tu Dios. ¡Reedifica los muros! ¡Cierra las puertas! ¡Ayuda a preparar una novia sin mancha para nuestro Señor Jesucristo! Más que nunca, necesitamos hombres como Nehemías.

Conclusión

¿**T**e pondrás en la brecha?

Nehemías fue la solución a un gran dilema que Dios tuvo muchos años antes del exilio, bajo los reyes de Israel y Judá. Sí, Dios Todopoderoso, el Rey del universo, tiene problemas.

Dios llamó a un pueblo para que lo alabara y fuera testigo en todo el mundo de su amor y voluntad. Pero todo el país, incluso sus profetas y sacerdotes, estaba en rebelión. Dios es muy paciente, pero después de tantos años y tantas oportunidades para arrepentirse, se ve obligado a hacer algo. Está tan enojado que ya no puede tolerar más; tiene que destruirlos. Pero su amor es tan grande que todavía desea salvarlos y restaurarlos. Aún sería posible evitar el juicio y el exilio, pero necesita a alguien que interceda por ellos y se ponga en la brecha. Por alguna razón desconocida, nuestro Dios trabaja por medio de nosotros, su creación. Y en este caso no encuentra a nadie.

Cuando leemos de estos abusos en Ezequiel 22, parece que no hay mucha esperanza:

> *23El Señor me dirigió la palabra: 24 «Hijo de hombre, dile a Israel: "Tú eres una tierra que no ha sido purificada ni mojada por la lluvia en el día de la ira." 25 Como leones rugientes que despedazan a la presa, hay una conspiración de profetas que devoran a la gente, que se apoderan de las riquezas y de los objetos de valor, y que aumentan el número de viudas. 26 Sus sacerdotes violan mi ley y profanan*

mis objetos sagrados. Ellos no hacen distinción entre lo sagrado y lo profano, ni enseñan a otros la diferencia entre lo puro y lo impuro. Tampoco le prestan atención a mis sábados, y he sido profanado entre ellos. [27] Los jefes de la ciudad son como lobos que desgarran a su presa; siempre están listos a derramar sangre y a destruir vidas, con tal de lograr ganancias injustas. [28] Los profetas todo lo blanquean mediante visiones falsas y predicciones mentirosas. Alegan que lo ha dicho el Señor omnipotente, cuando en realidad el Señor no les ha dicho nada. [29] Los terratenientes roban y extorsionan a la gente, explotan al indigente y al pobre, y maltratan injustamente al extranjero.

Cada faceta de la nación refleja una corrupción profunda:

La tierra

Era la tierra prometida, que fluye leche y miel, pero ahora es una tierra sucia, que no se ha purificado. Está contaminada por el pecado de Israel. Está seca; no hay lluvia. La misma tierra es castigada, sufriendo bajo la ira de Dios.

Sus gobernantes

La traducción griega del Antiguo Testamento, Los Setenta, dice príncipes o gobernantes; el hebreo dice profetas. Podrían ser falsos profetas que se metieron en la política. Son leones rugientes; hay una conspiración entre ellos para devorar a la gente (ver 1 Pedro 5:8, donde dice que el diablo es un león rugiente). Despedazan a la presa; no tienen misericordia ni cuidan a la gente. Se apoderan de las riquezas del país (RVR: *devoraron almas, tomaron haciendas y honra*). Hacen todo para su propio beneficio. Aumentan el número de viudas porque matan a los hombres o incitan a las guerras donde mueren.

Sus sacerdotes

En lugar de modelar la obediencia, enseñar la ley y ayudar a la gente a guardarla, violan la ley de Dios y profanan lo sagrado (RVR: *contaminaron mis santuarios*). En ese entonces, se refiere a los objetos sagrados utilizados en el templo y en el culto de adoración a Dios. Hoy sería el cuerpo (el templo del Espíritu Santo), la adoración a Dios y el ministerio de la iglesia. No distinguen entre lo sagrado y lo profano, ni practican la santidad en sus propias vidas. Aman al mundo y muchas cosas que no agradan a Dios. No enseñan a otros la diferencia entre lo puro y lo impuro. No tienen el valor de proclamar que algo no es de Dios. No ayudan a otros a discernir lo que es sano.

Los jefes de la ciudad

Son como lobos que destrozan sus presas, siempre dispuestos a derramar sangre y destruir vidas. Lo hacen para lograr ganancias injustas.

Los profetas

Blanquean todo mediante visiones falsas y predicciones mentirosas (RVR: *recubrían con lodo suelto, profetizándoles vanidad y adivinándoles mentira*; DHH: *ocultan la verdad, como quien blanquea una pared; dicen tener visiones, y anuncian cosas que resultan falsas*). Proclaman "palabras de Dios" cuando Dios está en silencio.

La gente común

Roban y extorsionan a la gente (RVR: *usaba de opresión y cometía robo*). Explotan al indigente y al pobre (RVR: *al afligido y menesteroso hacía violencia*). Maltratan injustamente al extranjero (RVR: *al extranjero oprimía sin derecho*). Me recuerda la situación actual en muchos países y el prejuicio hacia los inmigrantes. La diferencia entre los ricos y los pobres está aumentando, y los ricos utilizan su posición, dinero y poder para mantener sus privilegios. Muchos, aun en la iglesia, ya no piensan en cómo ayudar a los pobres, sino que quieren guardar sus recursos para sí mismos.

¿Te pondrás en la brecha?

Está claro que era una situación muy grave. ¡Dios quiere hacer algo! ¡Tiene que hacer algo! En su justicia, el único remedio sería destruirlos, juzgarlos. Como hizo en los días de Noé, y quiso hacer en el éxodo. Dios necesita un intercesor.

30 Yo he buscado entre ellos...

a alguien que se interponga entre mi pueblo y yo, y saque la cara por él

*a hombre que hiciese vallado y que **se pusiese en la brecha** delante de mí* (RVR)

a alguien que haga algo en favor del país y que interceda ante mí (DHH)

*para que yo no lo destruya. **¡Y no lo he hallado!** 31 Por eso derramaré mi ira sobre ellos; los consumiré con el fuego de mi ira, y haré recaer sobre ellos todo el mal que han hecho. Lo afirma el Señor omnipotente.»*

Ya es demasiado tarde. Dios estaba buscando a alguien para edificar un muro y ponerse en la brecha, pero no encontró a nadie. Ya está sellado el destino de Jerusalén.

Tomó mucho tiempo, años después de la destrucción de Jerusalén, pero finalmente Dios encontró a ese hombre recto:

Nehemías. Más tarde, Dios mismo proveyó a alguien que se puso en la brecha permanentemente. ¡Nuestro Señor Jesucristo es nuestro sumo sacerdote perfecto! Toda la ira del Padre se derramó sobre Jesús en la cruz. Él se puso en la brecha. Si tú estás apartado del Señor o nunca has aceptado a Jesús, Dios quiere perdonar tu pecado y darte una vida nueva. Tú puedes decir esta oración:

Señor Jesús, yo creo que tú moriste para pagar el precio de mi pecado, que resucitaste de entre los muertos y que vives hoy. Perdóname, límpiame y dame una nueva vida. Quiero seguirte y servirte como mi Señor. Lléname con tu Espíritu Santo. Gracias por tu salvación. Amén.

Dios todavía está buscando intercesores hoy; hombres y mujeres que se pongan en la brecha, por el amor de Dios y amor por su pueblo. Necesita a alguien para reedificar los muros protectores alrededor de su pueblo. Nehemías sirve como gran ejemplo. Hay mucho que podemos aprender de él acerca del liderazgo. Es muy impresionante lo que hizo un solo hombre. Dios no necesita multitudes para trabajar. Puede hacer milagros a través de ti, pero no será fácil. ¿Estás dispuesto?

www.ingramcontent.com/pod-product-compliance
Lightning Source LLC
Chambersburg PA
CBHW060024050426
42448CB00012B/2864